Thomas H. Jachens

Professionelles Verkaufen

Thomas H. Jachens

Professionelles Verkaufen

- Kundenerwartungen erkennen
- Verkaufsgespräche positiv gestalten
- Abschlüsse erreichen
- Richtig kommunizieren

REDLINE | VERLAG

Bibliografische Information der Deutschen Nationalbibliothek

Die Deutsche Nationalbibliothek verzeichnet diese Publikation in der Deutschen Nationalbibliografie. Detaillierte bibliografische Daten sind im Internet über http://dnb.d-nb.de abrufbar.

ISBN 978-3-86881-199-5

Unsere Web-Adresse:
www.redline-verlag.de

3. Auflage

Nymphenburger Straße 86
D-80636 München
Tel.: 089 651285-0
FAX: 089 652096

Umschlaggestaltung: ZERO Werbeagentur GmbH, München
Satz: HJR, Jürgen Echter, Landsberg am Lech
Druck: Konrad Tritsch, Ochsenfurt
Printed in Germany

Inhalt

Vorwort zur 3. Auflage

Zwei Menschen treffen sich. Den einen nennen wir Verkäufer, den anderen Kunden. Beide wollen etwas von einander, ansonsten würden sie nicht miteinander sprechen.

Wie können Sie jetzt als Verkäufer das Gespräch so gestalten, dass der Kunde kauft, nach Möglichkeit noch heute, von Ihnen begeistert und von dem Produkt oder der Dienstleistung überzeugt ist, den Kauf später nicht storniert und Sie weiter empfiehlt? Die Antworten dazu finden Sie in diesem Buch.

Die Aktualitäten der Verkaufstechniken sind gerade in diesen Zeiten, in denen Kunden in den für sie unüberschaubaren Märkten mehr Orientierung benötigen, nach wie vor gegeben. Der Erfolg dieses Buches basiert nicht zuletzt auf seinen praxistaugliche Tipps und Antworten.

Ich danke den Lesern, die mir ihre positiven Erlebnisse nach der Lektüre bestätigt haben. Ihnen, die Sie dieses Buch gerade in den Händen halten, wünsche ich ein spannendes Studium der Inhalte und freue mich, von Ihnen zu hören, inwieweit es auch Sie unterstützt hat.

Ashausen, im Juni 2010
Thomas H. Jachens

Einleitung

Erfolgreiche Verkäufer erreichen ihre Umsatzziele. In jedem Verkaufsteam gibt es die Stars, den Mozart, die Beatles, den Zinedine Zidane oder den Michael Jordan. Hand aufs Herz, wie oft fragen Sie sich: Wie erreichen die das? Was machen die anderes als ich? Es mag viele Gründe dafür geben. Für den Verkauf gilt aber sicherlich: Sie machen eine Menge instinktiv richtig, was andere, ebenfalls gute Musiker, Sportler oder Verkäufer, sich erarbeiten und hart antrainieren müssen.

Worum geht es in diesem Buch?

Auf den folgenden Seiten werden die einzelnen Bausteine eines Verkaufsgespräches analysiert. Ziel ist es, zu erkennen, wie Sie in den einzelnen Phasen, im Folgenden Bausteine genannt, noch besser und kundenorientierter agieren können, um mit einem insgesamt effektiveren Verkaufsgespräch noch erfolgreicher zu verkaufen. Die Kundenerwartungen aus unterschiedlichen Befragungen werden dargestellt, um zu erkennen, was Kunden wichtig ist und zu versuchen, dieses Wissen in Verkaufsgespräche zu integrieren.

Es geht nicht darum, andere zu kopieren, sondern Gesprächstechniken erfolgreich einzusetzen und das eigene Verkäuferverhalten kundenorientierter zu gestalten. Es gibt eine Fülle an Details, die erfolgreiche Verkäufer beherrschen. Das unterscheidet Sie von denen, die durchschnittliche Erfolge erzielen.

Was macht den Unterschied aus? Erfolgreiche Verkäufer konzentrieren sich stärker auf ihre Kunden. Für sie zählt nur der Kunde in diesem Augenblick. Streng genommen unterscheiden sich dabei zwei unterschiedliche Arbeitsweisen, zwei Typen von Verkäufern:

1. Sie sind abschlussorientiert und konzentrieren sich in ihrer Rhetorik auf den Nutzen ihrer Kunden.
2. Sie sind kundenorientiert und erzielen ihre Verkaufserfolge durch einen intensiven Beziehungsaufbau zu ihren Kunden.

Beiden Typen ist gleich, dass sie sich trotz unterschiedlicher Herangehensweisen auf den Abschluss konzentrieren. Sie sind Verkäufer und keine Berater. Auf ihrem individuellen Weg zum Abschluss steht im Mittelpunkt einzig der Kunde.

Ihr Verhalten ist darauf gerichtet, das Gespräch für einen Kunden nützlich zu gestalten und/oder eine äußerst angenehme Einkaufsatmosphäre aufzubauen.

Die folgenden Seiten beschreiben, wie es diesen Verkäufern gelingt, überdurchschnittliche Erfolge zu erreichen. Dabei gibt es kein Patentrezept, sondern eine Menge an Kommunikationsregeln, die zielgerichtet eingesetzt werden. Lesen Sie sich diese Seiten in Ruhe durch und entscheiden zum Ende, welcher Verkäufertyp Ihnen eher gelegen ist. Bauen Sie Ihre persönlichen Stärken aus und steigern Sie Ihre Verkaufserfolge.

Sie finden in diesem Buch Checklisten und Vorschläge zu Übungen. Investieren Sie Ihre Zeit und arbeiten Sie mit den Übungen. Sie sollen Ihnen helfen, die jeweiligen Bausteine des Verkaufsgesprächs effektiver zu beherrschen und schneller in Ihrer tagtäglichen Verkaufspraxis einzusetzen. Einiges werden Sie bereits kennen und von sich behaupten, es umzusetzen. Prüfen Sie trotz Ihrer Verkaufserfolge einmal unvoreingenommen, inwieweit Sie tatsächlich die vorgeschlagenen Techniken umsetzen. Oftmals sind es die Gewohnheiten, die eine kritische Überprüfung verhindern. In meinen Seminaren höre ich immer wieder bei dem Punkt »Fragetechniken«, ich könne diesen Punkt vernachlässigen. Die meisten Teilnehmer meinen, sie beherrschen die Fragetechniken. In einem anschließenden kleinen Spiel wird dann aber schnell deutlich, dass viele Verkäufer ausschließlich geschlossene Fragen nutzen. Aus Gewohnheit. Es ist in der Tat schwierig, sich gleichzeitig auf Kunden zu konzentrieren, Alternativen zu überprüfen, Möglichkeiten abzuwägen und sich dabei noch auf die eigene Verkaufsrhetorik und das persönliche Verhalten zu konzentrieren.

Dieses Buch soll Ihnen auch die Muße geben, in entspannter Atmosphäre das zu trainieren, was Sie noch erfolgreicher macht.

Viel Erfolg!

Teil I
Einige Grundüberlegungen vor dem Verkauf

1. Was Sie über Ihre Kunden wissen sollten

Wie sieht der Markt aus Sicht der Kunden aus?

Die Produktvielfalt wird immer enger. Schauen Sie sich das Angebot z. B. von Möbeln in großen Einrichtungshäusern an oder vergleichen Sie das Angebot an digitalen Kameras. Am deutlichsten wird es sicherlich auf dem Automarkt. Vergegenwärtigen Sie sich die Entwicklung der letzten 20 Jahre. Können Sie heute auf Anhieb verschiedene Kleinwagen unterscheiden, wenn der Name nicht auf dem Kofferraum stehen würde? Wie viel einfacher war es zu Zeiten der Ente, des Käfers, des Fiat 500 oder Renault 4. Von der Ausstattung heutiger Autos ganz zu schweigen.

Das bedeutet zwar, dass Kunden heute in vielen Märkten die angebotenen Produkte leichter vergleichen können. Das Internet und die gestiegene Mobilität von Kunden unterstützen die Transparenz. Aber auch, dass das Angebot für den Kunden so groß geworden ist, dass eine Entscheidungsfindung fast unmöglich wird. Nehmen Sie das Angebot von Fondsanlagen bzw. Versicherungspolicen. Da sind Kunden zwangsläufig auf Verkäufer angewiesen – aber welche setzen sich durch?

Was erwarten Kunden?

Diese Frage stellen sich die wenigsten Verkäufer. Das Produkt muss hinsichtlich Qualität, Anforderung, Design, Preis etc. stimmen.

Unterschiedliche Untersuchungen ergaben, dass der Kunde erwartet:

- vom Verkäufer ernst genommen zu werden
- anerkannt zu werden

- Komfort zu haben
- verstanden zu werden
- Aufmerksamkeit zu haben
- gut gelaunte und freundliche Verkäufer zu haben
- willkommen zu sein

Werden einzelne Punkte oder noch schlimmer, alle Punkte, nicht erfüllt, wechseln Kunden das Unternehmen bzw. sie zeigen Ihre Unzufriedenheit. Das verlorene Vertrauen wiederzugewinnen kostet Zeit und Geld. Das eigentliche Produkt können die Kunden in aller Regel überall kaufen. Das ist nicht entscheidend.

Aber das »WIE«, also das Drumherum, der Service, das erhalten Kunden nicht überall. Genau das ist ausschlaggebend für Kauf oder Nichtkauf.

Produktkenntnisse und Kompetenz setzt der Kunde selbstverständlich voraus. Aber die Entscheidung, Ihr Unternehmen zu besuchen bzw. zu kontaktieren und bei Ihnen zu kaufen, diese Entscheidung fällen Kunden aus den oben genannten Gründen.

Mein Großvater hatte in den 50er-Jahren des letzten Jahrhunderts einen Drogeriegroßhandel. Seine Kunden blieben ihm treu, weil sie meinen Großvater persönlich kannten und nicht, weil er das beste Angebot am Platz hatte oder die besten Preise machte. Sicherlich waren der Preis und das Angebot auch von Bedeutung, aber eben nicht der entscheidende Grund. Seine Kunden kannten und schätzten das Geschäft und hatten eine persönliche Beziehung zu den Verkäufern.

Auch Sie sind täglich Kunde. Prüfen Sie für sich selbst, welche Verkäufer Ihnen positiv bzw. weniger positiv aufgefallen sind. Wo fühlten Sie sich wohler und zu wem würden Sie wahrscheinlich eher wieder gehen? Eine einfache Methode – aber immer noch topaktuell.

Und heute? Out sind die Vertriebe, die lediglich das schnelle Neukundengeschäft suchen. In sind die, die langfristige Kundenbeziehungen aufbauen können. Zum Beispiel Versicherungsagenturen. Die Produkte sind vergleichbar, entscheidend aber ist, dass der Ansprechpartner ein Mann/eine Frau des Vertrauens ist.

Gute Freunde von mir waren vor Jahren auf der Suche nach Trauringen, da sie sich entschieden hatten zu heiraten. Er sagte mir in einem unserer Gespräche, dass sie in der gesamten Innenstadt alle Juweliere besucht, sich ausführlich beraten und noch eine weitere Nacht darüber gebrütet hatten, welches Angebot sie nun wahrnehmen sollten. Nach meiner Rückfrage bestätigte er mir, dass alle Verkäufer ein sehr gutes Fachgespräch geführt hatten. Das Ergebnis war, dass er zu diesem Zeitpunkt alles, aber wirklich alles über Goldringe, Beschaffenheit, Reinheitsgrad etc. wusste. Einige Juweliere waren in die nähere Auswahl gekommen. Auf meine Frage, für welchen sie sich denn nun entschieden hätten, sagte er zu meiner Überraschung: »Du glaubst es nicht, aber es waren die Teuersten. Nicht dass wir so viel Geld ausgeben wollten, aber die Verkäuferin war mit Abstand die sympathischste.«

Die Qualität der Kundenbeziehung hat in den letzten Jahren zunehmend an Bedeutung gewonnen. Die Gestaltung der Verkaufsflächen, die Auswahl des Sortiments und große Versprechungen in glanzvollen Broschüren vermögen das kundenorientierte Verhalten und ein professionell geführtes Verkaufsgespräch nicht zu ersetzen. Der Verkäufer am Point of Sale entscheidet über Erfolg bzw. Misserfolg.

Kunden erwarten heute mehr als nur ein gutes Fachwissen. Entscheidender ist die soziale Kompetenz der Verkäufer.

Ihr Selbstverständnis als Verkäufer

Viele Verkäufer sind von ihrem Produkt so überzeugt, dass der Kunde für sie zur Nebensache wird: Aber ohne Kunden gibt es keinen Abschluss – keinen Umsatz – keinen Verdienst. Jack Welsh, ehemaliger Vorstandschef von General Electric, sagte einmal: »Unternehmen können keine Arbeitsplätze sichern.« – Aber Verkäufer können am Point of Sale durch Umsatz dafür sorgen.

Nach einem verlorenen Verkaufsabschluss sagen sich viele Verkäufer, beim nächsten Kunden wird es halt besser, einer wird schon noch kaufen. Tatsächlich hat dieser Verkäufer einen Abschluss und einen Kunden verloren. Der Kunde kommt eventuell wieder, doch heute hat der Verkäufer kein Geld verdient. Ein anderer Verkäufer verdient sich dieses Geld – nur in einem anderen Unternehmen. Denken Sie daran, Kunden, die zu Ihnen in das Geschäft kommen oder die Sie zu einem Termin laden, wollen kaufen. Warum sonst sollten Sie sich mit Ihnen einlassen?

Ob es heute bereits zu einem Abschluss kommt oder erst später, das wissen Sie natürlich noch nicht. Aber dass der Kunde Interesse hat, davon können Sie ausgehen.

Natürlich gibt es offensichtliche Gründe, warum der Kunde heute nicht bei Ihnen kauft, warum ein Vertrag nicht zustande kommt. Vielleicht war das richtige Produkt nicht in Ihrer Auswahl, die Vorstellungen des Kunden decken sich nicht mit Ihrem Angebot oder Sie können ein gewünschtes Produkt oder eine Serviceleistung nicht bieten. In diesem Fall können Sie sich keinen Vorwurf machen. Aber was ist mit den Fällen, in denen Sie gerade nicht gut drauf waren, wo Ihr Produkt und Ihr Service stimmten und der Kunde hat trotzdem nicht gekauft. Ärgerlich, weil der Aufwand und die Mühe umsonst waren. Haben Sie in dieser Situation wirklich alles richtig gemacht und lag es nur am Kunden? Wenn Sie davon überzeugt sind, dass es immer der Kunde ist, legen Sie das Buch wieder beiseite. Haben Sie manchmal leise Zweifel, dann stellen Sie sich folgende Fragen:

Wissen Sie tatsächlich, was Ihre Kunden von Ihnen, Ihrem Unternehmen oder Ihrem Produkt erwarten?
Was ist es letztlich, was Kunden kaufen?
Wie können Sie Kunden emotional ansprechen?
Ist Ihnen im Einzelnen bewusst, warum Kunden gerade bei Ihnen kaufen?
Können Sie Ihre Stärken in Gesprächen definieren?

Stellen Sie sich als Verkäufer immer wieder die Frage:

Warum sollten Kunden gerade mein Produkt kaufen und warum sollten Kunden gerade bei mir kaufen? Weil Sie gut sind? Richtig, aber weiß der Kunde das auch? Letztlich entscheiden Kunden durch den Kauf, ob Sie gut oder ob andere besser sind. Der Markt kennt nur zwei Bewegungen: Entweder bewegt er Sie oder Sie bewegen den Markt.

Das wichtigste Kommunikationsinstrument ist die Sprache. Mit ihr erreichen Menschen ihre Ziele, können sich durchsetzen, sich gegenseitig verständigen, miteinander diskutieren oder andere überzeugen. Die Kommunikationsfähigkeit beeinflusst die berufliche Laufbahn, gerade für Verkäufer ist sie entscheidend für Erfolg oder Misserfolg.

Wir haben uns im Laufe des 20. Jahrhunderts in eine Kommunikationsgesellschaft verwandelt. Die Möglichkeiten zu kommunizieren haben dank Computer, E-Mail, Internet, Handy und SMS zugenommen. Dabei sind trotz der technischen Fortschritte die Regeln für eine gelungene Kommunikation die gleichen geblieben. Das gilt besonders für ein erfolgreiches Verkaufsgespräch.

Verkäufer wollen Menschen von den Vorzügen ihrer Produkte, ihrer Dienstleistungen und ihres Unternehmens überzeugen. Die Sprache ist die Basis dafür. Die Effektivität Ihrer Kommunikation ist abhängig von den Grundregeln der erfolgreichen Kommunikation.

Kommunikationsregeln im Verkauf

1. **Man kann nicht nicht-kommunizieren**
   Menschen teilen sich ständig ihrer Umgebung mit. Sei es verbal oder nonverbal. Der Eindruck wird verstärkt durch Gestik, Mimik und Haltung, Stand und Gang. Schnell erkennen bzw. spüren Zuhörer, ob der Redner beispielsweise gestresst, fröhlich oder in Trauer ist – trotz eventuell gegenteiliger Behauptungen. Ein Beispiel: Jemand schaut konzentriert eine Sportsendung. Kein Wort, kein Blick nach rechts oder links, sondern starr geradeaus. Das zeigt der Umgebung: Stör mich nicht! Ganz ohne Worte. Alles ist Kommunikation.
2. **Die Art und Weise des gesprochenen Wortes beeinflusst den Empfänger.**
   Der Inhalt einer Kommunikation, die Z-D-F, Zahlen – Daten – Fakten, geben Auskunft über das »WAS«. Das wird gehört. Menschen achten gleichzeitig während eines Gespräches ständig auf die Art und Weise, WIE das WAS aufzufassen ist. Die Faktoren der Rhetorik, u. a. die Modulation der Stimme, die Sprechweise, die Lautstärke etc. sowie die nonverbalen Zeichen, Kopfhaltung, Lächeln, Blickkontakt u. v. m. helfen dem Zuhörer, die Aussage, also das »WAS«, zu interpretieren.
   Irritationen entstehen, wenn das WIE nicht eindeutig interpretiert werden kann.
   So entstehen Missverständnisse, Ironie, Zweifel oder Glaubwürdigkeit.
   Der eine: »Du siehst heute wieder klasse aus.«
   Der andere: »Meinst Du das wirklich? Oder willst Du mich auf den Arm nehmen?«
   Die Art und Weise entscheidet im Verkauf darüber, ob Kunden Ihnen aktiv zuhören, Ihnen glauben, überzeugt sind. Sie entscheiden über Sympathie oder Antipathie.
3. **Entscheidend ist nicht, was der Verkäufer sagt, sondern wie es der Kunde versteht**
   Es zeugt vom hohen Fachwissen z. B. eines Möbelverkäufers, wenn er dem Kunden erläutert, dass die Schrankfront eine Tischlerplatte hat, gelaugt ist und nach der DIN ISO 9000 gefertigt wurde. Der Verkäufer bleibt unverstanden, wenn der Kunde den Begriff Tischlerplatte – gibt es auch Müllerplatten – nicht kennt, gelaugt für einen Sportbegriff hält

und ihm die Inhalte der DIN ISO 9000 unbekannt sind. Kunden sollen Informationen verstehen, ansonsten werden Menschen unsicher und reagieren misstrauisch und der Vertragsabschluss ist nun schwerer zu erreichen.

4. **Kommunikation ist keine Einbahnstraße**
   Verkaufen bedeutet nicht, einen riesigen Monolog zu halten. Eine erfolgreiche Kommunikation schließt das Gegenüber mit ein. Bauen Sie einen Dialog auf. Denken Sie an die Situation zurück, in der Sie während eines Gespräches nicht zu Wort gekommen sind. Wie fühlten Sie sich dabei? Ihren Kunden ergeht es nicht anders. Darum: Geben Sie Ihren Kunden die Möglichkeit, sich in das Gespräch mit einzubringen.
5. **Wer fragt, der führt ein Gespräch**
   Fragen signalisieren Interesse.
   Fragen bedeuten, das Gegenüber ernst zu nehmen in seinen Wünschen und Vorstellungen.
   Fragen schaffen Auswahl- und Entscheidungsmöglichkeiten für Kunden.
   Fragen verschaffen Klarheit über das, was Kunden wollen.
   Fragen vermeiden Missverständnisse.
   Fragen unterbrechen einen endlosen Redefluss.
   Fragen bedeuten, die Initiative zu behalten.
   Kunden, die nicht fragen, haben kein Interesse. Verkäufer, die nicht fragen, verkaufen nicht kundenorientiert, sondern wollen lediglich ihr Programm durchziehen. Fragen Sie!
6. **Der Gesprächsbeginn ist mit entscheidend für das Gesprächsergebnis**
   Die Ansprache muss stimmig sein. Zuhörer wollen so unterhalten werden, dass es interessant für sie ist. Das entscheidet sich in den ersten Sekunden eines Gespräches. Gelingt es Ihnen nicht, Interesse bei Ihren Kunden zu wecken, laufen Sie Gefahr, dass Kunden Sie zwar hören, Ihnen aber nicht zuhören. Damit ist der Erfolg Ihres Gespräches bereits im Ansatz gefährdet.
7. **Anerkennen und respektieren Sie Ihren Gesprächspartner**
   Jede erfolgreiche Kommunikation basiert auf der Anerkennung und der Respektierung des Partners. Wird die Anerkennung und der Respekt verweigert, gibt es für Ihren Partner keinen Grund, Ihnen weiter zuzuhören. Warum sollten Sie sich mit einem Menschen abgeben, der Ihnen offensichtlich signalisiert, dass Sie ihm schnuppe und eher unsympathisch sind oder, noch schlimmer, gleichgültig sind? Beziehungen, die

unter einer fehlenden Anerkennung leiden, führen häufig zum Bruch. In Verkaufsgesprächen bedeutet das: kein Abschluss.

8. **Übernehmen Sie eine Führung im Gespräch**
   In guten Gesprächen wird ein Dialog geführt. Die Gesprächsführung wechselt. Einer agiert, der andere reagiert. Auf Dauer setzt sich derjenige durch, der in den entscheidenden Momenten die Führung übernimmt, also agiert. In Verkaufsgesprächen sind das die sensiblen Momente. Übernimmt keiner die Führung, plätschert ein Gespräch unverbindlich dahin. Es ist eine nette Plauderei ohne Ergebnis, aber kein zielorientiertes Verkaufsgespräch. »War nett, mit Ihnen geplaudert zu haben.«
   Ottmar Hitzfeld, dem erfolgreichen Ex-Trainer des FC Bayern München, wird folgende Aussage zugeordnet:
   Er wurde gefragt: »Wie können Sie das heutige schwierige Spiel gewinnen?«
   Seine Antwort lautete: »Wichtig ist, dass unsere Mannschaft dem Gegner unser Spielsystem aufzwingen kann. Gelingt uns dies, wird das entscheidende Tor fallen. Gelingt uns dies nicht, ist der Gegner stärker und es wird ihm gelingen, das Spiel zu gewinnen. Wir müssen geduldig sein. Wir müssen agieren und dürfen nicht reagieren.«
   Versuchen Sie, diese Regeln bewusst und aktiv in Ihren Verkaufsgesprächen einzusetzen. In Gesprächssituationen, die Ihnen wichtig sind, werden sie unbewusst bzw. zum Teil auch ganz bewusst eingesetzt. Denken Sie an Ihre Bewerbungsgespräche zurück, an Gespräche mit VIP-Kunden oder an für Sie wichtige Gespräche mit Ihren Vorgesetzten. In solchen Situationen machen Sie eine Menge, um einen guten Eindruck zu hinterlassen und versuchen, das Gespräch interessant und nützlich zu gestalten, um Ihre Ziele zu erreichen.
   Finden Sie in Verkaufsgesprächen nicht eine identische Situation vor? Negieren Sie eine oder mehrere Regeln, führt es zu Störungen in der Kommunikation.

3. Störungen in der Kommunikation

Vielen Menschen fällt es schwer, »richtig« zu kommunizieren. Die zunehmende Zahl an entsprechender Literatur, Gesprächstherapien und Konfliktmanagement-Seminaren belegt dies. Aber woran liegt es, dass es Störungen in der Kommunikation gibt?

Folgende Punkte mögen gerade im Verkauf dafür verantwortlich sein:

- fehlende Informationen
- fehlende Anerkennung
- Arroganz
- Zeitmangel
- schlecht gelaunt zu sein
- Ungeduld
- man hört nicht zu
- man versteht die Hälfte und fragt nicht nach
- Überheblichkeit
- man reagiert emotional unverhältnismäßig
- Angst vor dem anderen
- man glaubt sofort zu wissen, was der andere will
- Prioritäten und Ziele sind nicht genau definiert
- man fragt, kennt aber gleichzeitig die Antwort
- man redet, ohne etwas zu sagen zu haben
- Menschen sind voreingenommen
- man nimmt den anderen nicht ernst

So vielfältig die Ursachen sein mögen, das Ergebnis bleibt gleich: Es treten Störungen in der Kommunikation auf, die auf Dauer harte Konsequenzen nach sich ziehen. In der Verkaufssituation können diese Konsequenzen für Verkäufer u. a. so aussehen:

- Verträge kommen nicht zustande
- Reklamationen/Stornierungen sind häufiger
- Stress
- De-Motivation
- schlechtes Klima
- Image- und Kompetenzverlust
- Missverständnisse
- es entstehen Konfliktsituationen
- Umsatzeinbußen

4. Das Kommunikationsmodell

Beide Parteien, Verkäufer und Kunde, sind für Störungen in der Kommunikation verantwortlich. Kunden machen sich häufig wenig Gedanken darüber. Daher obliegt es in erster Linie Verkäufern, Störungen gar nicht entstehen zu lassen. Schauen Sie, was konkret passiert, wenn zwei Menschen sich unterhalten.

In jedem Gespräch laufen eine Menge an Interaktionen ab, die bewusst nicht wahrgenommen werden. Wahrscheinlich wäre damit das menschliche Gehirn überfordert. Aber sie werden auf der Ebene des Unterbewusstseins wahrgenommen und steuern sehr aktiv einen Gesprächsablauf.

Sie können nicht nicht-wirken. Positiv ausgedrückt: Sie erzielen immer eine Wirkung auf andere Menschen. Diese Wirkung wird sofort und unmittelbar wahrgenommen, noch bevor ein erstes Wort gesprochen wurde. Gleiches gilt für eine Situation bzw. für einen Raum, für ein Geschäft, das Sie besuchen.

Sie kennen das: Sie betreten einen Raum und schlagartig spüren Sie: Hier herrscht dicke Luft. Vergleichen Sie: In welchen Geschäften gehen Sie bevorzugt einkaufen bzw. welche meiden Sie? Welche Gesprächssituationen waren Ihnen sehr angenehm bzw. in welchen fühlten Sie sich unwohl? Und warum? Dieser erste Eindruck ist entscheidend, ob Kunden sich in Ihrem Geschäft, Ihrer Agentur, in Ihrem Büro oder wo immer Kunden Sie aufsuchen, mit Ihnen wohlfühlen oder nicht.

Es gibt Menschen, die meiden einen Discountmarkt, nur weil sie die Atmosphäre nicht mögen. Andere fühlen sich in vornehmen Restaurants unwohl, weil es ihrer Meinung nach zu steif ist. Viele gehen mittags ungern in einem Schnellimbiss essen, weil sie wissen, dass ihre Kleidung danach entsprechend riecht. Für einen anschließenden Termin sicherlich nicht passend.

In einem Verkaufsgespräch treffen zwei Menschen aufeinander und verschaffen sich einen ersten Eindruck vom jeweils anderen. Ob sie sich das erste Mal treffen oder ob es wiederholt Gespräche gab, spielt keine Rolle. Die Frage ist nur: Wirken Sie kundenorientiert oder nicht.

Denken Sie an Montagmorgen. Sie kommen in Ihre Firma und treffen Ihre Kollegen. Es folgt die übliche Frage nach dem Wochenende. Gleichzeitig machen Sie sich ein Bild von Ihrem Gegenüber. Wie ist die Laune? Ist er ansprechbar? Noch stärker wird es Ihnen bewusst, wenn Sie Ihren Chef kurz einmal sprechen wollen. Erst wird abgecheckt, wie die Laune ist, danach entscheiden Sie spontan, ob Sie Ihren Chef ansprechen oder besser doch nicht. Einer meiner Seminarteilnehmer erzählte einmal, dass das Verkaufsteam an der Art und Weise, wie der Verkaufsleiter morgens seinen Wagen geparkt hatte, dessen Laune einschätzen konnte.

Und viele Menschen lassen sich z. B. nur von einer Seite, ihrer Schokoladenseite fotografieren. Warum? Sie wollen gut wirken, in einem positiven Bild in Erinnerung bleiben. Besonders gut erkennen sie die Richtigkeit des ersten Eindrucks in Bewerbungsgesprächen. Alles muss stimmig sein, um ein Ziel zu erreichen, vorteilhaft zu wirken: Kleidung, Frisur, Schuhe geputzt, Parfüm, Styling etc.

Oder denken Sie an folgende Situation zurück. Sie treffen einen Menschen, der Sie an einen ehemaligen Bekannten erinnert, der Ihnen wirklich verhasst war: Ihr alter Lehrer, Trainer, Ausbilder, Nachbar etc. Alte Erinnerungen werden spontan wach und obwohl Sie wissen, der Ihnen jetzt gegenübersteht, ist ein anderer, werden Sie ihn erst einmal mit verhaltener Laune ansprechen.

Erinnern Sie sich an Ihre aktiven Discothekenzeiten. Neben der reinen Absicht des Tanzens war der Aspekt des Kennenlernens ein weiterer wichtiger und für viele der eigentliche Grund, eine Disco zu besuchen. Die Frage ist: Wen sprechen Sie sofort an? Wer hat die größte Aufmerksamkeit? Wer bildet die erste Reserve und wer wird auf keinen Fall angesprochen? Sie haben noch mit niemanden ein Wort gewechselt, aber eine Einteilung, wer Ihnen gefällt und wer nicht, wird schnell und einfach getroffen. In einem nachfolgenden Gespräch mögen sich dann böse Überraschungen aufgetan haben – aber für die Erstansprache gilt der erste Eindruck.

Was konkret passiert, wenn zwei Menschen sich unterhalten

Jedes Gespräch findet auf zwei Ebenen statt:

- Sach- bzw. verbale Ebene
- Gefühls- bzw. nonverbale Ebene

Was glauben Sie, welche der beiden Ebenen ist entscheidender für eine gelungene Kommunikation? Die Gefühls- bzw. nonverbale Ebene? Weniger entscheidend ist, WAS gesagt wird. Wer das Gesagte mit den nonverbalen Zeichen unterstreicht, erreicht ein hohes Maß an Glaubwürdigkeit. Er bestätigt so seine Aussage. Ergo entscheidet das WIE.

Je identischer beide Ebenen zusammenwirken, umso höher ist Ihre Glaubwürdigkeit. Je stärker die Abweichungen sind, umso höher ist die Irritation und so stärker wirken Zweifel an Ihrer Aussage. Im Alltag gibt es viele offensichtliche Beispiele, die schnell entschlüsselt werden.

Ein Beispiel: Jemand gibt vor, traurig zu sein, kann aber ein Lächeln nicht unterdrücken. Ein anderer gibt vor, sehr engagiert zu sein, steht aber mit hängenden Armen und Schultern vor seinem Chef und behauptet dieses mit leiser Stimme. Vielleicht haben beide Recht, aber ob die Zuhörenden ihnen das zu 100 Prozent abnehmen?

Jedes Gespräch läuft über beide Ebenen ab und beide beeinflussen alle Gesprächssituationen. Stellen Sie sich folgende Situation vor: Ein Paar sitzt im Auto und steht an einer roten Ampel. Die Frau sitzt am Steuer. Es wird grün und der Mann sagt: »Du, es ist grün.« Die Aussage ist sachlich absolut richtig, selbst falls die Frau farbenblind sein sollte, ist an der helleren Lampe zu erkennen, dass grün aufleuchtet. Aber: WIE reagiert die Frau? Die Reaktion sagt eine Menge aus über das Verhältnis der beiden zueinander.

Wichtig ist, wie die beiden zueinander stehen, also wie ihre Gefühle zueinander sind. Thomas Harries hat es auf die geniale Formel gebracht:

»Du bist o. k. – ich bin o. k.« Die beiderseitige Wertschätzung, der gegenseitige Respekt ist die Basis einer gelungenen Kommunikation. Der Volksmund bestätigt: »Die Chemie muss stimmen.« Oder: »Ich kann ihn nicht riechen.«, »Wir haben eine gemeinsame Wellenlänge.«, »Ich bin mit ihm nicht warm geworden.« Die Sympathie ist grundlegend für ein gutes Gespräch – und erst recht für ein gutes Verkaufsgespräch.

Ist die Chemie zwischen zwei Partnern nicht stimmig, herrschen atmosphärische Störungen vor. Im oben genannten Auto dürfte dann dicke Luft herrschen.

Ist die Chemie zwischen beiden nicht stimmig, entsteht Streit. Nicht um das Was, sondern um das Wie. In diesem Fall kann auf der Sachebene nicht mehr sachlich diskutiert werden. Das Einzige, was jetzt noch klappen kann, sind die Türen im Haus.

Ist die Chemie zwischen beiden stimmig, entsteht eine Kontroverse. Nicht um das Wie, sondern um das Was, also der Inhalt, wird debattiert. Hart in der Sache, aber verbindlich im Ton.

Paul Watzlawick, Psychotherapeut in Kalifornien, schreibt: »Der Inhaltsaspekt (also die Sachebene) vermittelt die Daten, der Beziehungsaspekt (also die Gefühlsebene) weist die Art und Weise an, wie diese Daten aufzufassen sind.«

Im Unterbewusstsein reagieren Menschen stärker auf die 2. Ebene als auf die erste, auch wenn viele dieses nicht wahrnehmen bzw. wahrhaben wollen.

Sie werden auf der Sachebene nicht erfolgreich sein, wenn die Beziehungsebene nachhaltig gestört ist. Ihr Gegenüber will keine sachlichen Argumente hören, sondern in irgendeiner Beziehung die nonverbale Ebene bereinigen. Erinnern Sie sich an Ihr letztes Rendezvous: Worüber haben Sie gesprochen? Über die Größe Ihrer Wohnung, Ihre Automarke und dass Sie im Sommer lieber Sandaletten einer bestimmten Marke tragen? Getreu dem Motto: »Mein Auto – meine Yacht – mein Haus – mein Einkommen.«

Oder zeigten Sie sich lieber von Ihrer romantischen Seite und tauschten liebevoll Komplimente aus?

Verschiedene Verkäufer bestätigen immer wieder, dass Kunden, die eigentlich nicht kaufen wollten, sich auf Grund eines guten und angenehmen Gespräches spontan zum Kauf entschieden. Beide fanden einen »Dreh« zueinander, es entstand eine ungezwungene Atmosphäre, in der es sichtlich Spaß machte, zu kaufen. Das ist der Verdienst eines professionell arbeitenden Verkäufers.

Was ist es also, dass einige Gespräche auf Anhieb gut funktionieren und andere zäh wie Kaugummi verlaufen lässt?

Ist es von der Tagesform abhängig oder können Verkäufer die Atmosphäre beeinflussen?

Ist es vorstellbar, dass Verkäufer die Gefühlsebene ihrer Kunden beeinflussen zugunsten eines bestimmten und gewollten Eindruckes?

Ob Sie wollen oder nicht, Sie manipulieren Ihre Umgebung. Die Art und Weise, wie Sie beispielsweise stehen, Ihre Mimik, wie Sie reden, wie Sie gekleidet sind, mit all diesen und weiteren Faktoren manipulieren Sie. Amerikanische

Wissenschaftler haben das in Untersuchungen bestätigt. Sie definieren die Wirkungsfaktoren.

Die Wirkungsfaktoren

Über 50 Prozent der Befragten achten auf das Erscheinungsbild eines Menschen. Dazu gehören die Mimik, die Gestik, die Haltung, der Gang sowie die Kleidung – Kleider machen ja bekanntlich Leute –, das gepflegte Aussehen etc.

Über 30 Prozent achten darauf, wie jemand spricht, also die Sprechweise, die Stimmenlage, die Modulation der Stimme, die Stimme selbst, die Pausentechnik etc. Sie entscheiden, ob jemand sein Gegenüber sympathisch findet oder nicht. Wenn Sie etwa im Radio einen Moderator hören, machen Sie sich auf Grund der Stimme ein Bild von dem Menschen. Sehen Sie diesen Menschen dann das erste Mal, öffnen sich manchmal Abgründe, da Ihre Vorstellungen sich nicht mit dem tatsächlichen Aussehen decken.

Falls Sie sich jemals zu einem Blinddate verabredet haben, kennen Sie sicher folgenden Satz: »Ich habe Sie mir ganz anders vorgestellt.«

Alle anderen achten vor allem auf den Inhalt, also die ersten gesprochenen Worte, eben was gesagt wird. Dieser Teil nimmt natürlich während eines folgenden Gespräches in der Wertigkeit zu. Für einen ersten Eindruck hat das »was« wenig Einfluss.

Diese drei Faktoren beeinflussen maßgeblich den ersten Eindruck, den Sie immer von anderen gewinnen.

Sie sehen, über 90 Prozent wird von der nonverbalen Ebene entschieden. Sie gibt die wichtigen Informationen über die momentane Einstellung, die persönliche Situation, die Laune, die Verfassung etc., die Menschen benötigen, um andere einschätzen zu können, unabhängig davon, was gesagt wird. Es heißt ja auch: »Ein Blick sagt mehr als tausend Worte.«

Viele Verkaufsgespräche könnten erfolgreicher verlaufen, wenn die Signale der nonverbalen Ebene klarer interpretiert würden. Verkäufer könnten sich so auf ihre Kunden effektiver einstellen und sich besser in sie hineindenken.

Das Erscheinungsbild von Menschen

Die Mimik

Maßgeblich sind hier die Augen und die Mundpartie. Viele Menschen schauen anderen erst einmal in die Augen. Für viele sind die Augen das »Spiegelbild der Seele«. Entscheidend ist: Kann mein Gegenüber mir in die Augen schauen oder senkt er den Blick? Lachen die Augen mit, wenn sich die Mundwinkel zu einem Lächeln entspannen? Es sind die Menschen angenehm, die offen und ehrlich mit uns Kontakt aufnehmen. Wer einem normalen Blick nicht standhalten kann oder im Gespräch wiederholt zur Seite schaut, wirkt auf andere eher schüchtern, nicht überzeugend, unsicher bis hin zu dem Gefühl, es wird gelogen.

Also: Nehmen Sie Blickkontakt zu Ihren Kunden auf. Sympathisch und vertrauensweckend wirkt, wer mit lachenden Augen und wachem Blick seinen Standpunkt vertritt. Nicht umsonst sprechen viele auch von einem »verschlagenen« Blick, der nichts Gutes verheißt. Vielen ist es unangenehm, wenn ihr Gegenüber eine dunkle Sonnenbrille trägt. Ein Augenkontakt ist nicht möglich und dieser Umstand verunsichert. Der »Schlafzimmerblick« hingegen hat nicht unbedingt einen negativen Aspekt. Es fragt sich nur, was das mögliche Ziel des Gespräches sein könnte.

Die Mundpartie

Wenn jemand positiv gestimmt ist, zeigt sich das am stärksten in seinem Lächeln. Damit ist nicht ein stetiges Grinsen gemeint, sondern eine tiefe positive Grundstimmung, die unter anderem und am deutlichsten durch Lächeln zum Ausdruck kommt. Lachen oder Lächeln ist für andere der stärkste Garant, dass Menschen wirklich guter Stimmung sind.

Wenn Sie Menschen signalisieren wollen, mit Ihnen macht es Spaß, sich zu unterhalten, ein Gespräch zu beginnen, lächeln Sie Menschen an. Den riesigen Unterschied zwischen »Lächeln« und »Grinsen« werden Sie schnell merken. Lächeln Sie, kommen Kunden gerne auf Sie zu. Grinsen Sie andere Menschen an, fühlen diese sich oft »angemacht« und reagieren entsprechend ablehnend oder sogar aggressiv.

Wie stark sich Menschen von einem Lächeln und dem dazu gehörenden Blickkontakt beeinflussen lassen, können Sie selber testen. Sie sitzen im Auto. Die Ampel steht auf Rot. Lächeln Sie Ihren Nachbarn im anderen Auto an. Es gibt zwei Möglichkeiten: Er schaut irritiert weg oder lächelt zurück. Wer agiert und wer reagiert?!

Ein altes chinesisches Sprichwort besagt (sinngemäß): »Wer nicht lächeln kann, sollte kein Geschäft eröffnen.«

Ein Lächeln ist:

- Ausdruck positiver Stimmung
- ansteckend, ohne krank zu machen
- ein Mittel gegen Ärger
- ein Kennzeichen von Freundschaft
- entschärfend in Konfliktsituationen
- Ermunterung und Aufheiterung
- vertrauensbildend

Wenn Sie es als Verkäufer vermeiden wollen, mit Kunden in ein Gespräch zu kommen, empfehle ich Ihnen: Auf keinen Fall lächeln, halten Sie Ihren Mund zusammengepresst, am besten zu einem Strich und ziehen Sie gleichzeitig Ihre Augenbraune leicht bedrohlich zusammen. Für Ihren Verkaufserfolg fruchtbarer ist die Methode, Kunden ein gewinnendes und offenes Lächeln zu schenken. Damit haben Sie einen ersten Schritt getan, um einen guten Eindruck zu gewinnen.

In einer weiteren Kundenbefragung wurde u. a. die Frage gestellt: »Sind Ihrer Meinung nach Verkäufer freundlich?« Über 80 Prozent der Befragten verneinten dies.

Im Gegenzug wurden Verkäufer gefragt, ob sie sich als freundlich bezeichnen würden. Ebenfalls über 80 Prozent bejahten dies. Wer hat Recht?

Sie kennen die folgende Situation: Sie besuchen mit Ihrem Partner/in ein Restaurant und Sie geben die Bestellung auf. Nachdem der Kellner gegangen ist, sagt Ihr/e Partner/in: »Warum bist du so unfreundlich? Kannst du gegenüber dem Kellner nicht ein bisschen freundlicher sein?« Sie fallen aus allen Wolken, denn Sie sind sich nicht bewusst, unfreundlich gewesen zu sein. Ganz im Gegenteil, Sie fühlen sich gut. Seien Sie sich Ihrer Wirkung bewusst.

Vergleichen Sie Hotelangestellte. Die Damen und Herren stehen hinter der Rezeption und sind augenscheinlich immer gut gelaunt. Sie lächeln ihre Gäste an, sind zuvorkommend auch in hektischen Zeiten und finden immer ein freundliches Wort. Deren Ziel ist es, dafür zu sorgen, dass sich ihre Gäste wohl fühlen. Übernachten kann man in jedem Ort in vielen Hotels, die Dienstleistung ist gleich, aber sich gut aufgehoben zu fühlen, diesen Unterschied machen die Verkäufer in Hotels aus.

Gleiches gilt für das Flugpersonal. Auch hier sind die Damen und Herren stets gut gelaunt, kein Problem scheint sie aus der Fassung zu bringen. Beachten Sie während des Einstiegs: Zwei Stewards unterhalten sich – worüber bloß, nachdem sie bereits vier Tage zusammen die gleiche Route fliegen –, begrüßen ihre Kunden mit einem Lächeln und sind hilfsbereit. Das miteinander Plaudern und diese freundliche Begrüßung signalisieren: Haben Sie Vertrauen, bleiben Sie entspannt, der Flug wird Ihnen Spaß machen. Sie wollen die gleiche Botschaft verkaufen.

Ist diesen Verkäufern das Lächeln, die gute Laune angeboren? Sicherlich nicht. Hier wurde ihnen in Seminaren bewusst gemacht, was gute Laune für eine Wirkung hat und dass ein Lächeln der entsprechende Ausdruck ist. Für uns Kunden bedeutet es, wir fühlen uns besser, wenn wir mit Menschen zusammen sind, die fröhlich und gut gelaunt ihrem Job nachgehen.

Also: Lächeln Sie, um Kunden zu gewinnen. Ein Lächeln kostet Sie nichts. Bei Menschen, die gemeinsam lachen, ist das Eis gebrochen, stimmt die Chemie. Lachen entspannt, es herrscht eine lockere, gelöste Atmosphäre. In einer solchen Stimmung macht das Einkaufen, die Entscheidung, den Abschluss bei Ihnen zu tätigen, noch einmal so viel Spaß. Ein erstes Lächeln ist die sichere Basis dafür. Ihr Vorteil ist, dass sich in entspannter Stimmung Kunden eher zum Kauf entscheiden.

Die Gestik

Für viele Verkäufer stellt sich oft die Frage: »Wohin mit meinen Händen?« Hinter dem Rücken verschränkt? Hände in den Taschen? Oder besser gekreuzt vor dem Oberkörper?

Das wirkt eher passiv und verschlossen. Versuchen Sie, eine offene, den Kunden zugewandte Gestik einzunehmen. Diese Wirkung erzielen Sie, indem Sie:

- die Arme neutral halten,
- die Unterarme leicht angewinkelt dem Kunden zuwenden,
- die Handinnenflächen für Kunden sichtbar öffnen.

Die Aufforderung des Sheriffs »Hände hoch!« heißt immer: Zeige mir deine Handinnenfläche, damit ich sehen kann, ob du etwas versteckt hast. Haben Sie schon einmal gesehen, dass der Handrücken gezeigt wird?

Hände und Finger haben im Gesicht nichts zu suchen. Das Zupfen am Ohrläppchen, das Reiben am Nasenflügel oder das Kratzen im Nacken sind reine Verlegenheitsgestiken. Achtung: Stellen Sie in Ihren Gesprächen bei Ihren Kunden solche Gestiken fest, unterbrechen Sie Ihr Gespräch und fragen nach, ob Ihr Kunde soweit mit dem Gesagten einverstanden ist bzw. ob Fragen aufgekommen sind.

Natürlich gibt es Ausnahmen. Sie kennen die Plastik des französischen Bildhauers Auguste Rodin (1840–1917) »Der Denker«: Das Kinn ist in der Hand gestützt, der Kopf leicht nach unten geneigt und es entsteht der Eindruck eines in sich gekehrten, nachdenklichen Mannes. Menschen, die interessiert anderen zuhören, zeigen folgende Gestiken: Hände am Kinn, der Zeigefinger an der Schläfe oder Daumen am Kinn und Zeigefinger liegt über den Lippen und gleichzeitig der Blick an Lippen oder Augen des Redners geheftet.

Das Gesamtbild zeigt starkes Interesse, konzentriertes Zuhören und ein ernsthaftes Auseinandersetzen mit dem Gehörten. Setzen Sie solche Gestiken bewusst ein, speziell in sensiblen Gesprächen wie Reklamationsgesprächen, Preisgesprächen oder wenn Ihr Kunde Ihnen sagt, dass er sich heute nicht entscheiden kann. Stärker können Sie nicht zum Ausdruck bringen, dass Sie Ihre Kunden und die Aussagen ernst nehmen und an einer Lösung interessiert sind.

Eine gegenteilige Wirkung erzielen Sie, wenn Sie z. B. in Reklamationsgesprächen intensiv Ihre Schuhe oder Fingernägel betrachten und gleichzeitig beteuern, wie interessant die Ausführung des Kunden ist. Kunden erkennen die Diskrepanz zwischen Ihren Worten und Ihrer Haltung. Das Ergebnis: Sie fühlen sich nicht ernst genommen und haben das Gefühl, dass sie Ihnen gleichgültig sind.

Vergleichen Sie die Wirkung in folgender Situation: Sie wollen Ihren Garten umgraben. Als Startzeichen krempeln Sie Ihre Ärmel hoch. Für die Umgebung ein sichtbares Zeichen, dass Sie es ernst mit Ihrer Ankündigung meinen.

Die Haltung

Wie stehen Sie bzw. sitzen Sie in Verkaufsgesprächen? Auch hier erkennen Kunden, ob Sie eher selbstsicher oder unsicher sind, engagiert oder ohne Schwung und Überzeugung agieren, aktiv oder passiv sind.

Die Schulterpartie

Aktion	Wirkung
Schulter hochziehen	Unsicherheit, Schutz suchen
Schulter senken	selbstsicher sein, frei sein
Schulter senken und heben	Zweifel oder Bedenken haben, unsicher sein
nach vorne geschobene Schultern	Schutz, Unsicherheit
Schultern zurück, Normalhaltung	offen, selbstsicher

Stehen und sitzen

Aktion	Wirkung
Füße nach innen	Blockade, Unsicherheit
Füße nach außen	offen, selbstsicher
Beine eng aneinander	Soldatenhaltung, streng, kein sicherer Stand, schnell zu beeinflussen
Beine auseinander, Normalhaltung	selbstsicher, sich seiner Stellung bewusst, eine Ein-Stellung haben
Beine weit auseinander	übertrieben sicher bis hin zur Arroganz, »John Wayne«-Haltung
Beine und Füße gekreuzt	unsicher, ängstlich, steht nicht zur eigenen Aussage
»Kleine Mädchen«-Haltung	ängstlich, defensiv
Füße um Stuhlbein gewickelt	Halt suchend

Die Arme

Aktion	Wirkung
schlaff herunterhängend	passiv, kein Engagement
eng an den Oberkörper gepresst	inaktiv, Befehlsempfänger, nicht selbstständig handeln wollen
normal hängend	selbstbewusst und -sicher
Arme im Winkel von 45 Grad	engagiert, offen, agierend
Arme in die Hüfte gepresst	selbstsicher, sich seiner Position bewusst bis hin zur Aggressivität
Arme hinter dem Rücken	Passivität, Betrachter, Verstecken, etwas vorenthalten
Arme vor der Brust gekreuzt	Passivität, Beobachter, nicht handeln wollen, Distanz schaffen

Menschen können sich auf Dauer nicht verstellen. Der Versuch, die eigene Körpersprache zu beherrschen, ist zum Scheitern verurteilt. In Zuständen von Angst, Freude, Ekel usw., treten immer die gleichen Verhaltensweisen auf. Sie können aber in bestimmten Situationen bewusster auftreten, um eine gewollte Wirkung zu erzielen. Menschen können, sicherlich bis zu einer Grenze, eine Körpersprache erlernen. Viele machen das unbewusst und werden diese Aussage sicherlich vehement ablehnen. Machen Sie sich bewusst, dass die körpersprachlichen Zeichen nicht zufällig sind, sondern Ausdruck Ihres momentanen Gefühlszustands und dass Menschen darauf reagieren. Versuchen Sie, gerade in Verkaufssituationen, die Wirkung Ihrer Körpersprache bewusster zu gestalten. Es hilft Ihnen, eine Gesprächsatmosphäre offener und freundlicher zu halten.

Prüfen Sie sich:

- Ist Ihnen bewusst, dass Sie mit Ihrem Auftreten Kunden beeinflussen?
- Können Sie sich selbst motivieren?
- Lächeln Sie oft?
- Können Sie Ärger gut wegstecken?
- Können Sie Ihre bevorzugte Haltung in Verkaufsgesprächen beschreiben?
- Sind Sie stark von Ihrer Tagesform abhängig?
- Wie beschreiben Sie die Atmosphäre in Ihren Gesprächen?
- Meinen Sie, dass in Ihren Gesprächen oft eine lockere ungezwungene Atmosphäre vorherrschend ist?

Teil II
Die Verkaufssystematik

1. Baustein: Die Begrüßung

In vielen Fällen ist die Begrüßung von Kunden mittlerweile eine erstarrte Floskel geworden. Oftmals ist noch nicht einmal das »Guten Tag« ernst gemeint. Man sagt es halt so. Dabei sind gerade die ersten Momente in einer Begegnung die entscheidenden. Die Atmosphäre des folgenden Gespräches wird jetzt maßgeblich festgelegt.

Diese Situation kennen Sie: Für den Abend sind Freunde zu einem kleinen Umtrunk eingeladen. Es klingelt und Sie gehen zur Tür, um zu öffnen. Allgemeine Heiterkeit, Lachen, alle sind guter Stimmung und freuen sich auf einen gemeinsamen Abend.

Nur in seltenen Fällen bleibt der Gastgeber auf dem Sofa liegen, schaut weiterhin fern, ruft ein desinteressiertes Hallo zu und beachtet die Freunde nicht weiter. Nein, spätestens jetzt wird der Fernseher ausgemacht, leiser gestellt, vielleicht mit einer kleinen Entschuldigung und die Freunde begrüßt. Falls das nicht so sein sollte, werden Sie sich als Gast sicher überlegen, ob Sie sich nicht neue Freunde suchen sollten.

Wenn ein Staatsgast zu Besuch nach Berlin kommt, wird er mit allen Zeremonien begrüßt. Kapelle, roter Teppich und der Minister geht ihm mindestens die Hälfte des Weges entgegen. Bei politisch großen Freundschaften wird der ausländische Gast direkt an der Gangway begrüßt.

Und im Verkauf? Warum wird nicht auch hier der »große Bahnhof« gemacht? Begrüßen Sie Ihren Kunden wie einen guten Freund (Küsschen à la française muss es ja nicht sein), zeigen Sie ihm, dass Sie sich freuen, dass er Ihr Geschäft ausgewählt hat, Ihnen die Möglichkeit eröffnet, sich zu präsentieren. Freuen Sie sich, denn Sie haben mit diesem Termin eine Chance auf einen Geschäftsabschluss.

Freuen? Auf Kunden? Kürzlich sagte mir ein Seminarteilnehmer: »Wie viel schöner könnte das Leben ohne Kunden sein.« Warum also? Der Kunde zahlt und sichert Ihnen Ihr Gehalt. Wenn das kein Grund ist ...?! Bitte, dass Sie keine falschen Schlüsse ziehen: Bin ich freundlich, dann gibt es Geld. Das ist zu kurz gesprungen.

Letztens kaufte sich ein Freund von mir ein neues Auto. Wie immer interessierte es mich, wie er das Verkaufsgespräch empfunden hatte. In einem Autohaus fiel ihm ein Detail auf: »Erst als der Verkäufer endlich verstanden hatte, dass ich ernsthaft kaufen wollte, wurde er freundlicher und aufgeschlossener. Plötzlich wurde mir eine Tasse Kaffee angeboten, dann erst begann das eigentliche Gespräch.« Wie oft haben Sie eine ähnliche Situation erlebt? Wie fühlten Sie sich dabei?

Begrüßung im Handel

Die handelsübliche Begrüßung, wenn überhaupt, ist:

»Guten Tag, Sie wollen sich nur einmal umschauen?«

oder

»Guten Tag, kann ich etwas für Sie tun?«

Oft gehört wird auch:

»Guten Tag, kann man etwas tun? – Nein? Falls doch oder falls Sie Fragen haben, kommen Sie gerne auf mich zu.«

Das Einzige, was Sie erreichen, ist eine ablehnende Haltung: das klassische »Nein«. Im Prinzip hat der Verkäufer nichts gewonnen. Dabei ist es Ihr Ziel als Verkäufer, mit dem Kunden schnell in ein Gespräch zu kommen, um ihn dabei zu unterstützen, weswegen er Ihr Geschäft betreten hat: beim Einkaufen.

Die alten oben genannten herkömmlichen Begrüßungsformeln bringen nichts. Derart wollen Kunden nicht angesprochen werden. Lassen Sie es lieber, Ihre Kunden werden es Ihnen danken. Wenn Sie Ihr Ziel erreichen wollen, dann gehen Sie aktiv auf Ihre Kunden zu, lächeln Sie bewusst und begrüßen Sie Ihre Kunden zielorientiert.

Zum Beispiel:
»Einen guten Tag. Mein Name ist Bond, James Bond. Was kann ich für Sie tun?«

Eine solche Begrüßung hat mehrere Vorteile. Die Namensnennung schafft Vertrauen. Die Anonymität zwischen Ihnen und Ihrem Kunden wird aufgehoben. Für Kunden ist es angenehmer und persönlicher, Verkäufer mit Namen zu kennen und ansprechen zu können. Viele Verkäufer tragen aus diesem Grund ein Namensschild und glauben, sich nicht mehr namentlich vorstellen zu müssen, denn der Kunde kann ja den Namen lesen. Das ist sicherlich richtig. In der Praxis ist es oftmals so, dass die Schilder entweder zu klein sind oder der Name des Geschäftes ebenfalls mit darauf steht und zwar größer als der Name des Verkäufers. Als höflicher Mensch schaue ich in das Gesicht meines Gegenübers. Ist der Name länger oder komplizierter, muss der Kunde länger auf das Namenschild schauen. Das ist für beide Parteien eher unangenehm. Als Kunde unterlasse ich das oder versuche in einem unbeobachteten Moment den Namen zu erhaschen. Alles keine zufrieden stellende Situationen. Versuchen Sie es einmal selbst bei Ihrem nächsten Einkauf. Irgendwie fühlt man sich unbehaglich. Es ist eine komische Situation. Umgehen Sie diese, indem Sie einfach Ihren Namen nennen. Warum eigentlich nicht? Was können Sie verlieren?

Die Frage »Was kann ich für Sie tun?« impliziert, dass Sie gemeinsam mit den Kunden den Kaufwunsch realisieren wollen. Die geschlossene Frage hingegen: »Kann ich was für Sie tun?«, lässt nur den Schluss zu, dass gemeint ist: »Soll ich als Verkäufer etwas tun?« Die Antwort ist meistens »Nein!« und der Kunde denkt: »Lass mich in Ruhe.«

Warum arbeiten noch so viele Verkäufer mit einer geschlossenen Frage, deren Antwort sie kennen? Warum vermasseln sich noch so viele Verkäufer gerade zu Beginn eines Gespräches die ersten positiven Anzeichen? Die Antwort ist: Sie kennen es nicht anders und machen sich keine Gedanken über die Wirkung Ihrer Worte.

Zu Beginn ihrer Tätigkeit als Verkäufer gab es eben kein Verkaufsseminar, in dem über Verkaufsrhetorik gesprochen wurde. Also orientierten sie sich an den Verkäufern, die das bereits seit Jahren machen, die die »alten Hasen« sind, die das schon richtig machen werden. Schnell werden diese Formeln übernommen und bereits nach wenigen Wochen wird es eine bequeme Gewohnheit. Gewohnheiten stellt man selten in Frage. Die alten Hasen haben es seinerzeit ebenfalls von den damaligen Verkäufern übernommen. Diese Einstiegsfrage ist also uralt, sie hat den Kaiser noch gekannt und ist absolut überholt. Die Kunden können nicht anders, als reflexartig mit »Nein« zu antworten. Die Reaktion der Verkäufer ist dann Resignation: »Wieder nur ein Sehmann.«

Benutzen Sie eine offene Frage, dann kann kein simples »Nein« kommen.

Besser	Alt
Was kann ich für Sie tun?	Kann ich was für Sie tun?
Wie kann ich Ihnen weiterhelfen?	Kann man Ihnen helfen?
Für was interessieren Sie sich?	Sie schauen sich nur einmal um?
Was haben Sie sich vorgestellt?	Schon was gefunden?
An was denken Sie?	

Also, prüfen Sie selbst. Welche Frage gefällt Ihnen besser? Welche Frage ist kundenorientierter?

Jetzt sagen Sie als geneigter Leser: Kenne ich schon, alles schon gemacht und der Kunde antwortet: »Wir wollen uns nur einmal umschauen.« Aber hat der Kunde damit gesagt, er wolle keine Unterstützung haben? Nein, das hat er nicht gesagt. Tatsächlich hat der Kunde Recht mit dieser Aussage.

Stellen Sie sich bitte einmal vor, Sie wollen erstmalig einen Kaminofen kaufen. Sie haben bereits einen Platz im Wohnzimmer ausgemacht und stellen sich vor, wie gemütlich im Winter die wohlige Wärme sein wird. Aber Sie wissen nicht, welcher Ofen für Ihr Wohnzimmer der richtige ist, welche Möglichkeiten es gibt, welche Bedeutung der Brennwert für die Größe Ihres Raumes hat, wie groß die Brennkammer sein muss, ob sie offen oder geschlossen sein sollte u. v. m. Dazu benötigen Sie Informationen. Sie wollen sich umschauen.

Genau diese Unterstützung bei der Suche signalisieren Sie Kunden mit der offenen Eingangsfrage. Die Antwort »Wir wollen uns nur einmal umschauen« bedeutet keine Ablehnung, sondern nur: »Ich weiß jetzt noch nicht, welche Informationsfragen ich stellen könnte.« Ist das ein Problem? Nein, fragen Sie weiter:

- »Klar, bei dem großen Angebot müssen Sie sich umschauen. Was ist Ihnen wichtig?«
- »Schön, wir bieten Ihnen eine große Auswahl von Öfen an. Was bevorzugen Sie: eher ein großes Sichtfenster oder doch ein kleineres?«
- »Gerne. Schauen Sie sich um. Welche Informationen haben Sie bereits?«

Die Struktur dieser Fragen gestaltet sich folgendermaßen: Sie geben dem Kunden Recht in seiner Aussage und stellen Gemeinsamkeiten her, indem Sie nicht widersprechen bzw. das Gespräch abbrechen, sondern das tun, womit der Kunde nicht rechnet: Sie zeigen Verständnis für den Wunsch nach »in Ruhe umschauen wollen«. Unmittelbar danach nehmen Sie das Heft des Handels wieder in Ihre Hand, indem Sie sofort eine weitere Frage anschließen, wie oben gezeigt.

Der Kunde hat jetzt nur 2 Möglichkeiten:

1. Er bleibt bei seiner abweisenden Haltung und will erst einmal allein schauen.
   Sie wissen, ist der Kunde an der Ware, dann hat er irgendwann eine Frage und Sie sind vor Ort. Daher bleiben Sie in der Nähe, um präsent zu sein, wenn der Kunde Ihre Unterstützung benötigt.
2. Er geht auf Ihr Gesprächsangebot ein.
   Mit der zweiten Möglichkeit haben Sie sich Vorteile erarbeitet. Durch die zweimalige Ansprache geben Sie Ihrem Kunden die verbesserte Möglichkeit, Sie noch besser einzuschätzen, als es bereits geschehen ist.
   Wird durch diese Ansprache der erste gute Eindruck bestätigt und verstärkt, nehmen Sie dem Kunden die natürliche Skepsis und erleichtern ihm den Gesprächseinstieg. Es gibt viele Kunden, die wenig Zeit haben. Sie wünschen und erwarten eine schnelle Ansprache. Kunden, die konkrete Vorstellungen haben, wollen nicht lange auf Verkäufer warten. Besonders wichtig ist die Direktansprache, wenn in Ihrer Abteilung mehr Kunden als Verkäufer sind. Denn:
   Wie wollen Sie alle Kunden im Blick behalten?
   Welcher Kunde ist tatsächlich interessiert und wird heute kaufen?
   Wer ist an einem Gespräch mit Ihnen interessiert?
   Wer benötigt jetzt Informationen?

Verkäufer können es sich heute nicht mehr leisten zu warten, bis der Kunde auf sie zukommt. Heute müssen sie aktiver auf Kunden zugehen und von sich aus Kunden ansprechen. Agieren Sie und warten Sie nicht passiv auf eine Kundenreaktion. Entscheidend ist, WIE Kunden angesprochen werden. Warten Sie nicht auf Ihre Kunden, warum sollte der Kunde auf SIE zukommen?

Begrüßung beim Kunden

Die offene Begrüßung ist absolut gängig, wenn Sie zu Ihren Kunden in deren Unternehmen kommen oder Privatpersonen zu Hause besuchen.

»Einen wunderschönen guten Tag, mein Name ist Hase, Hans Hase von der Firma xy. Herr Kunde, wir haben heute einen gemeinsamen Termin.« Die Visitenkarte wird gereicht, damit der Kunde alle relevanten Daten des Verkäufers bequem auf einen Blick hat.

Kunden haben in dieser Situation ein »Heimspiel«, sie sind in ihrer gewohnten Umgebung. »My home is my castle«, wie der Engländer sagt. Jetzt zählen die ersten Minuten. Sie versuchen, eine Botschaft glaubwürdig zu überbringen: Ich bin der richtige Geschäftspartner. Sie zeigen sich von Ihrer Schokoladenseite, sind bewusst gut gelaunt und offen für Ihren Partner. Das Ziel ist es, zu zeigen, dass Sie vertrauenswürdig sind. In den ersten Momenten eines Verkaufsgespräches wird die Basis für einen möglichen späteren Abschluss gelegt. Sie wissen, dass Kunden nicht nur das Produkt oder die Dienstleistung kaufen wollen, sondern sie kaufen gerade auch, weil sie sich bei Ihnen gut aufgehoben fühlen, das sichere Gefühl haben, Sie sind der richtige Partner für die zu erwartenden Lösungen.

Menschen, die sich gut verstanden fühlen, sind offener für Argumente. All das versuchen Verkäufer mit einer offenen Begrüßung zu zeigen. Es liegt in der Verantwortung der Verkäufer, dass Kunden sie auf den ersten Blick sympathisch finden.

Behandeln Sie Ihre Kunden wie gute Freunde, zeigen Sie ihnen, dass Sie sich freuen, dass er Sie und Ihr Geschäft ausgesucht hat. Dass er Ihnen die Möglichkeit gibt, Geld zu verdienen. Zeigen Sie von Anfang an, dass Sie vertrauensvoll zusammenarbeiten wollen – seien Sie FREUND-lich.

Der Smalltalk

Menschen reden gerne. Am liebsten über sich und über Themen, die ihnen persönlich am Herzen liegen. Fragen Sie Menschen, wie sie im Job zurechtkommen, erhalten Sie die lapidare Antwort: »Ja, ja, es geht wie immer.« Fragen Sie nach seiner Lieblingsbeschäftigung, z. B. Kochen, wird er schon sehr viel lebendiger: »Oh, ich habe letztens etwas Neues ausprobiert …«

Versuchen Sie zu Beginn Ihrer Verkaufsgespräche daher über Themen zu sprechen, die Ihren Kunden Spaß machen. Plaudern Sie über augenscheinlich Belangloses, für Ihre Kunden aber Wichtiges, da es sie betrifft. Verlassen Sie für einen Moment das eigentliche Thema und damit die Sachebene.

Mit Ihrer Analyse der Vorstellungen des Kunden bewegen Sie sich auf der Sachebene. Vernachlässigen Sie in den ersten Minuten Ihres Gespräches nicht die emotionale Ebene. Ziel ist es, dass das Eis zwischen Ihnen bricht. Sie interessieren sich für Themen, die für Ihre Kunden wichtig sind. Das schafft Gemeinsamkeiten und führt zusammen. Was glauben Sie: Welche Aussage stimmt eher?

- Gleich und gleich gesellt sich gerne.

oder

- Gegensätze ziehen sich an.

In einer dauerhaften Beziehung der erste Satz. Das ist das Ziel des Smalltalks, Vertrauen aufzubauen, Gemeinsamkeiten herzustellen, Sympathie zu wecken, Kunden die Möglichkeit zu eröffnen, über sich zu sprechen.

Welche Themen bieten sich an?

■ Wetter	das gängige Einstiegsthema
■ Ankunft	wie war die Anfahrt, wie haben Sie uns gefunden
■ Urlaub	die schönsten Wochen des Jahres
■ Urlaubsbräune	zu hören, wie schön braun Mann/Frau ist
■ Kinder	der Stolz der Familie
■ Autos	des Deutschen liebstes Kind
■ Schmuck, Uhren	trägt man, um bewundert zu werden
■ Einrichtung	Ausdruck des persönlichen Wohn-/Bürostils
■ Hobbys	liebste Beschäftigung
■ Branchenplauderei	Themen, die Geschäftsleute beschäftigen

Sie geben damit Anerkennung für das, was Ihr Kunde ist oder besitzt. Anerkennung ist das anerkannte Schmiermittel einer gelungenen Konversation. Uns sind die Menschen sympathisch, die uns loben und anerkennen. Unsympathisch sind uns diejenigen, die an uns herumnörgeln und immer etwas zu kritisieren haben. Machen Sie sich diesen Umstand zum Vorteil. Je sympathischer Ihr Kunde Sie empfindet, um so angenehmer ist die Gesprächsatmosphäre. Lassen Sie Kunden zu Wort kommen.

Die Dauer eines Smalltalks ist nicht definiert. Das gestalten Sie individuell. Es gibt Gespräche, in denen dauert der Smalltalk 30 bis 50 Minuten. Oder der Smalltalk nimmt mehr Zeit in Anspruch als das eigentliche Verkaufsgespräch.

Es gibt Verkäufer, die unterhalten sich ausschließlich mit ihren Kunden über deren Interessen. Das eigentliche Verkaufsgespräch ist dabei die schönste Nebensache der Welt. Speziell bei Stammkunden empfiehlt sich der Smalltalk als Gesprächseinstieg. Richten Sie in Ihrer Kundendatei aus diesem Grund ein Feld »Private Interessen« ein. Hört er gerne Jazz, ist er ein passionierter Pfeifenraucher, geht er gerne zur Jagd, ist Sport seine Lieblingsbeschäftigung?

Es gibt keinen klassischen Zeitpunkt, wann genau dieses Gespräch zu führen ist. Es ergibt sich aus der Situation heraus. Wichtig für Sie ist, dass Sie Ihren Kunden nicht unterbrechen, sondern Ihren Kunden indirekt auffordern, das Thema weiter auszuführen.

Prüfen Sie sich:

- Nennen Sie schnell Ihren Namen?
- Welche Frageform ist bei Ihnen vorherrschend?
- Benutzen Sie eine große, einleitende und offene Einstiegsfrage?
- Lassen Sie sich von einem »Nein« der Kunden entmutigen?
- Was glauben Sie, stimmt eher:
- dass Kunden beachtet werden wollen oder
- dass Kunden ihre Ruhe vor Verkäufern haben wollen?
- Glauben Sie, dass Kunden, die ein Gespräch mit Ihnen führen, auch kaufen wollen?
- Setzen Sie den Smalltalk bewusst ein?
- Welche Smalltalk-Themen sind für Ihre Kunden interessant?
- Können Sie die Vorlieben Ihrer Stammkunden benennen?

2. Baustein: Wer fragt, der führt ein Gespräch

Sie kennen das, wenn langsam die Idee reift, etwas Neues zu kaufen.

»Schatz, wir brauchen ein neues Sofa.«

»Der Wagen ist 7 Jahre alt. Ich weiß nicht, wie lange der noch hält. Lass uns mal beim Händler vorbeischauen.«

»Mein Kollege hat vor kurzem eine private Altersvorsorge abgeschlossen. Wir müssten uns auch einmal ...«

Der erste gedankliche Schritt ist getan. Kunden haben Vorstellungen, Wünsche, Ziele, wenn sie sich entschieden haben, etwas zu kaufen. Diese Vorstellungen können bereits sehr konkret sein, aber auch noch sehr vage. Verkäufer können das nicht wissen. Woher auch? Meist wird der Kunde kurz abgecheckt. Der erste Eindruck manifestiert sich. Und viele Verkäufer glauben nun zu wissen, wer vor Ihnen steht, welche Vorstellungen der Kunde hat und auf Grund der Kleidung, wie hoch das Budget ist. Und so reden sie munter darauf los, in der Hoffnung, dass für den Kunden etwas Interessantes dabei ist. Es ist, wie im Trüben zu fischen. Da kommt es oft zu fatalen Fehleinschätzungen, wie im folgenden Beispiel:

Eine junge Frau betritt ein Elektrofachgeschäft. Sie sucht eine neue Geschirrspülmaschine. Der Verkäufer fühlt sich sicher und stellt sofort eine Maschine vor. »Wir haben gerade in dieser Woche ein Topangebot. Die Maschine für die ganze Familie. Durch den sparsamen Wasserverbrauch können Sie sie bedenkenlos jeden Tag laufen lassen. Schauen Sie hier: Sie bietet Ihnen eine Menge Platz, gerade auch für sperrige Töpfe, so dass Sie bequem nach großem Kochen alles unterbringen können. Durch die einzulassenden Bedienungsknöpfe ist sie ebenso kindersicher. Ist das nicht genau die Richtige für Sie, zumal Sie zurzeit im Angebot ist?«

Die Kundin bedankt sich und verlässt das Geschäft. Sie ist Single, hat keine Kinder, braucht eine kleine Maschine und da sie beruflich viel unterwegs ist, benötigt sie die Maschine nur wenige Male in der Woche.

Eine typische Verkäuferreaktion ist jetzt Enttäuschung und Frust. Ein bis zwei solcher Gespräche gleich zu Tagesbeginn und Sie sind demotiviert.

Ein freier Versicherungsmakler kommt pünktlich zum Termin in die Wohnung eines Interessenten. Schnell kommt er auf das heutige Thema, eine private Krankenversicherung, zu sprechen:

»Sie haben sich sicherlich bereits im Vorfeld generell informiert. Auf Grund unseres Telefongespräches habe ich Ihnen schon 3 Tarife unterschiedlicher Gesellschaften herausgesucht. Aus meiner Sicht stellt sich Tarif DS für Sie am besten dar, weil Sie ...« usw.

Gut, der Mann ist zielorientiert. Auch wenn sich die meisten seiner Kunden im Vorfeld generell informiert haben:

Woher weiß er, dass dies bei jedem seiner Kunden so ist?
Wieso wird das Gespräch mit einer Feststellung begonnen?
Sind im Telefonat wirklich alle Fakten besprochen worden?

Einfacher ist es, Kunden zuerst nach deren Vorstellungen und Bedürfnissen zu fragen. Nehmen Sie den Kunden ernst und versuchen Sie nicht zu verkaufen, was Sie glauben, das Kunden brauchen.

Fragen Sie!
Wer fragt, der führt ein Gespräch.
Wer fragt, der führt einen Dialog.
Wer fragt, bezieht sein Gegenüber mit ein.
Wer fragt, der schafft Wahlmöglichkeiten.

Wer fragt, der gibt Streicheleinheiten an das Selbstwertgefühl.
Wer fragt, erfährt, was den anderen bewegt.
Wer fragt, vermeidet Widersprüche.

Verkäufer sprechen hier von der Bedarfsanalyse. In vielen Branchen ist diese Bedarfsanalyse völlig selbstverständlich.

Sie betreten ein Restaurant. Sie erhalten die Karte und suchen nach Ihren Wünschen aus. Eine Bedarfsanalyse.

Sie besuchen Ihren Friseur. Als Erstes hören Sie: »Wie möchten Sie Ihre Haare geschnitten haben?« Falls der Friseur ohne zu fragen einfach beginnt, Ihre Haare zu schneiden, möchte ich Ihre Reaktion hören (oder besser doch nicht!).

Sie gehen zum Arzt. Der gute Arzt fragt: »Was kann ich für Sie tun?« Der schlechte Verkäufer in Weiß fragt: »Na, wie geht es uns denn?« Aber immerhin, eine Frage.

Die Frage ist, mit welcher Frageform sind Sie erfolgreicher.

Die geschlossene Frageform

Diese Form ist leider immer noch eine der meist angewendeten Frageformen.

- Kann ich helfen?
- Kann ich etwas für Sie tun?
- Haben Sie eine Idee?
- Wollen Sie noch Kaffee?
- Fahren Sie in den Urlaub?
- Sonst noch was?
- Und? Schon was ausgesucht?
- Ist das alles?
- Haben Sie noch Fragen?
- Darf ich fragen, ob ...?

Die Antwort darauf ist entweder »Ja« oder »Nein«. Trotzdem reden Menschen gerne weiter. »Können Sie mir sagen, wie spät es ist?« – »Ja: Es ist 12.10 Uhr.« Die richtige Antwort wäre: »Ja.«

Diese Frageform ist schnell ermüdend, wenn Verkäufer umfassende Informationen benötigen. Sie macht Sinn, wenn der Fragesteller kurze und knappe

Antworten hören will oder eine klare Entscheidung wünscht. »Kommst du mit ins Kino?« Diese Art des Fragens findet eine Vorliebe bei Verhören.

Eleganter ist ...

Die offene Frageform

Sie wird eingeleitet mit den W-Fragewörtern:

- wer
- was
- weshalb
- wann
- wo
- wie
- wie viele
- warum
- welche
- wodurch

Hier haben Kunden nicht mehr die Möglichkeit, einfach mit »ja« oder »nein« zu antworten. Hier werden sie indirekt aufgefordert, mehr zu erzählen.

»Was kann ich für Sie tun? – Was ist Ihnen wichtig? – Wie spät ist es? – Welche Vorstellungen haben Sie?«

Die offene Frageform veranlasst Kunden, eine eigene Meinung zu formulieren.

»Fährst du mit deinem neuen Wagen gerne?« – »Ja.«

»Wie fährt sich dein neuer Wagen?« – »Sehr gut. Weißt du, ...«

Trotzdem kann es vorkommen, dass Ihr Kunde wortkarg bleibt oder Ihnen zu wenig Informationen gibt.

Stellen Sie sich bitte folgende Situation vor: Ihr Auftrag ist es, für Ihr Team bzw. Ihre Abteilung einen Sommerurlaubsplan zu erstellen. Nichts leichter als das. Sie suchen Ihren ersten Kollegen auf.

»Du Thomas, fährst du diesen Sommer in den Urlaub?« – »Ja klar.«

Das freut Sie zwar, ist aber nicht die gewünschte Information. Also noch einmal:

»Schön, aber wann fährst du?« – »Im September.«

Langsam reagieren Sie genervt. Auf Grund dieser Informationen können Sie keinen Urlaubsplan erstellen.

»Thomas, wann GENAU fährst du in den Urlaub?« – »Vom 1. bis zum 15. September.«

Die konkrete Frageform

Na endlich. Dies ist eine verwertbare Information. Jetzt können Sie konkret planen. Zuvor ärgern Sie sich natürlich über diesen schusseligen Kollegen. Kann der nicht gleich ...? Wenn Sie konkrete Informationen benötigen, dann fragen Sie daher auch konkret nach den Vorstellungen, Wünschen und Zielen Ihrer Kunden. Es spart beiden Parteien Zeit und Sie werden feststellen, dass Kunden Ihnen umfassendere Informationen geben.

Benutzen Sie die W-Fragewörter mit Schlüsselwörtern. Diese sind:

- konkret
- detailliert
- genau
- speziell
- alles
- besonders
- zusätzlich
- im Einzelnen
- darüber ... hinaus
- außerdem ... noch

Gerade zu Beginn eines Gespräches ist diese Frageform sinnvoll. Sie wissen nicht:

Hat der Kunde bereits konkrete oder nur vage Ideen?

Wenn er konkrete Ideen hat, welche sind es?

Fragen Sie! Von Ihren Kunden können Sie nicht erwarten, dass sie Ihnen gleich alles erzählen. Überlegen Sie, welche Einstiegsfrage für Ihr Produkt oder Ihre Dienstleistung geeignet ist.

- »Was konkret haben Sie sich vorgestellt?«
- »Was genau kann ich für Sie tun?«
- »Was ist Ihnen für Ihr neues Auto alles wichtig?«
- »Welche Aspekte sind Ihnen besonders wichtig?«
- »Worauf legen Sie im Einzelnen Wert?«
- »Was außerdem noch sollten wir beachten?«
- »Was wissen Sie bereits alles über private Krankenversicherungen?«

All das, was Sie jetzt von den Kunden erfahren, hilft Ihnen, ein bedarfsgerechtes Angebot zu unterbreiten.

Darüber hinaus erhalten Sie womöglich wichtige Zusatzinformationen, aus denen weitere, zusätzliche Geschäftsabschlüsse entstehen können.

Sind viele Kunden in Ihrem Geschäft oder Ihre Kunden haben wenig Zeit, können Sie es sich nicht mehr leisten, wertvolle Zeit zu verplempern, indem Sie ungenau und unkonzentriert mit Ihrer Sprache arbeiten. Gleiches gilt für Gespräche vor Ort beim Kunden. »Time is money«, wie die Amerikaner zu sagen pflegen. Lange Ansprachen ermüden schnell, auch gerade deswegen, weil Kunden kein Interesse an nett gemeintem Geschwafel haben. Interessieren Sie sie, indem Sie Ihre Kunden schnell ins Gespräch mit einbeziehen. Fragen Sie!

Prüfen Sie für sich selbst, ob nicht ab sofort eine große Einstiegsfrage von Ihnen benutzt werden kann.

Und wenn der Kunde noch keine Vorstellungen hat? Kein Problem. Unterstützen Sie Ihre Kunden, indem Sie seine Ideen herausfiltrieren.

Die Alternativfrage

- »Legen Sie mehr Wert auf eine sichere Geldanlage oder auf höhere Erträge?«
- »Bevorzugen Sie einen Diesel oder lieber einen Benziner?«
- »Wie möchten Sie Ihr Steak? Englisch, medium oder durch?«
- »Sitzen Sie mehrere Stunden am Computer oder eher sporadisch?«

Sie bieten Ihren Kunden Alternativen und damit Wahlmöglichkeiten an. Sie überlassen Ihrem Kunden die Entscheidung, selber herauszufinden, was ihm wichtig ist. Ihr Vorteil ist, dass der Kunde ein gutes Gefühl hat, schließlich wählt er aus und fühlt sich so nicht bevormundet. Zum Schluss eines Gespräches wird es für den Kunden schwieriger, den Abschluss nicht zu tätigen. Schließlich sind ausschließlich seine Vorstellungen von Ihnen berücksichtigt worden.

So werden durch Ausschluss aus vagen Ideen konkrete Vorstellungen. Ein weiterer Vorteil ist, dass der Kunde sich mit Ihrer Unterstützung einen guten Überblick verschafft, welche Neuheiten, Aktualitäten der Markt zurzeit bietet. Sie schauen sich quasi mit Ihrer Hilfe um.

Fehlen Ihnen trotzdem noch weitere Informationen, erfragen Sie diese. In diesem Fall sind geschlossene Fragen durchaus angebracht. Schließlich benötigen Sie jetzt klare Aussagen.

Die Preisfrage

Eine wichtige Information für Ihr Verkaufsgespräch ist, wie viel Ihr Kunde anlegen möchte. Kunden, die zu Ihnen in Kontakt treten, wollen kaufen. Und sie haben eine klare Vorstellung, wie viel sie ausgeben wollen. Mehr noch: Sie haben es bereits ausgegeben. Prüfen Sie sich selbst, etwa wenn Sie eine neue Jeans kaufen. Sie wissen genau, wie viel Sie bereit sind, für eine neue Jeans auszugeben. 20 € sind Ihnen zu billig, 200 € eindeutig zu viel, aber im Bereich von 90 € zögern Sie nicht. Wenn sie 70 € kostet, freuen Sie sich, bei 110 € zucken Sie nicht zurück. Es gibt keinen Einkauf, ohne zu wissen, in welcher Größenordnung der Kauf realisiert werden soll.

Der neue Gebrauchtwagen? »Um die 10.000 €.«

Die neue Wohnung? »Mehr als 700 € Miete kann ich mir nicht leisten.« Der neue Anzug? »Für 400 € kriegst Du schon etwas Gutes.«

Also: Scheuen Sie sich nicht, den vorgestellten Preis zu erfragen.

Ihre Produktpalette und Ihr Angebot an Dienstleistungen beinhalten unterschiedliche Preisalternativen. Welche wollen Sie anbieten, wenn Sie nicht wissen, was Kunden bereit sind auszugeben? Sie laufen Gefahr, an den Kunden vorbeizureden. Ein Fehler, der Zeit und Aufwand kostet. Stellen Sie die Preisfrage, sie wird in einem Gespräch so oder so angesprochen werden.

- Wie viel wollen Sie investieren?
- Wie viel wollen Sie anlegen?
- Was gibt Ihr Etat her?
- Über welche preisliche Größenordnung diskutieren wir?
- In welcher Höhe planen Sie diese Investition?

Weitere Detailfragen sind:

- Wann wollen Sie es geliefert haben?
- Ist Ihnen wichtig, dass ...?

Also: Fragen Sie! Sie sollten wissen, was Ihr Kunde von Ihren Produkten oder Dienstleistungen erwartet.

Nachdem sich beide Parteien ausgetauscht haben und von Ihnen die Basis geschaffen wurde, steigen Sie in das bedarfsgerechte Verkaufsgespräch ein.

Prüfen Sie sich:

- Hand aufs Herz: Was ist Ihre tatsächlich benutze Frageform?
- Glauben Sie, dass Kunden gerne ihre Wünsche und Ziele kommunizieren?
- Meinen Sie, dass Sie mit der konkreten Frageform effektiver sind?
- Welche Schlüsselwörter kennen Sie?
- Macht es Sie nervös, wenn Kunden lange von sich reden?
- Glauben Sie, dass es Zeitverschwendung ist, wenn Kunden von sich reden?
- Wie können Sie Zusatzgeschäfte realisieren?
- Fragen Sie nach einem Preis?

3. Baustein: Was kaufen Menschen?

Menschen kaufen keine Produkte oder Dienstleistungen. »Wie bitte? Was ist es dann?«, werden Sie jetzt sicher fragen.

Menschen kaufen in erster Linie ihren persönlichen Vorteil bzw. Nutzen, den sie aus einem Produkt oder einer Dienstleistung erhalten.

Nicht das Produkt als solches ist erstrebenswert, sondern die daraus resultierenden Vorteile. Kunden werden nicht kaufen, wenn der Vorteil nicht erkennbar ist. Der Abschluss ist gefährdet, wenn die Vorteile nur zum Teil zu erkennen sind.

Vergleichen Sie einige Beispiele:

Fernseher

Kaum einer kauft diese großen, klobigen Geräte, um damit seinen Wohnraum zu verschönern. Menschen kaufen, was TV-Geräte leisten. Sie wollen beispielsweise Sportereignisse live miterleben, sich mittels Nachrichtensendungen einen aktuellen Stand der Tagespolitik verschaffen, über Reisemagazine den nächsten Urlaub planen u. Ä.

Lebensversicherungen

Die Police ist das Produkt. Gekauft wird das, was die Police verspricht: u. a. eine finanzielle Absicherung im Alter, eine zusätzliche Rente im Ruhestand, um sich mehr leisten zu können.

Auto

Der grundlegende Vorteil ist die persönliche Mobilität. In zweiter Linie wird entschieden, welches Fabrikat gekauft wird. Dazu später mehr.

Urlaub

Der individuelle Vorteil ist, was sich Kunden vom Urlaub versprechen. Ist es ein Abenteuerurlaub, ein reiner Erholungsurlaub, Spaß für die ganze Familie oder sind es sportliche Aktivitäten? Nach diesen Kriterien wird der Urlaub gebucht.

Erfolgreiche Verkäufer sprechen nicht von den Produkten oder den Dienstleistungen, sondern ausschließlich von den persönlichen Vorteilen für Ihre Kunden.

Das alles ist und klingt sehr einleuchtend, ist aber in der Umsetzung nicht ganz einfach. Wie können Sie die Kundenvorteile noch stärker in Ihr Gespräch integrieren? Strukturieren Sie Ihr Verkaufsgespräch klarer:

Zum einen haben Sie Ihr Produkt bzw. Ihre Dienstleistung.

Dieser Punkt ist schnell geklärt in einem Verkaufsgespräch. Es geht z. B. um eine Baufinanzierung, Telefonanlage, Bohrmaschine o. Ä. Jedes Produkt und jede Dienstleistung hat viele unterschiedliche Merkmale.

Eine Küche beispielsweise erhalten Sie mit unterschiedlichen Elektro-Geräten, Arbeitshöhen, Materialien, Hängeschränken, Schüben mit Selbsteinzug etc.

Eine für den Kunden schwer zu überschauende Vielfalt an individuellen Möglichkeiten. Für ihn ist es gänzlich uninteressant, alle Variationen zu kennen, wesentlich ist vielmehr:

Welche Vorteile bieten mir persönlich welche Merkmale? Was ist z. B. der Unterschied zwischen einem Gasherd und einem Ceranfeld hinsichtlich Stromkosten, Pflegeeigenschaften, Sicherheitsaspekten, Kocheigenschaften u. Ä.?

Diese Punkte sind natürlich von Kunde zu Kunde unterschiedlich, aber genau diese Fragen sind wichtig.

Unwesentlich dabei ist, dass dieser Herd ein Circotherm-System hat, auch als Modell MCE 200 zu erhalten ist und nach der ISO-Norm 9000 gefertigt wurde. Das hilft dem Kunden nicht weiter, sondern hinterlässt nur den Eindruck, dass der Verkäufer anscheinend ein hohes Fachwissen hat. Ihr Job als Verkäufer ist es, den persönlichen Vorteil für den Kunden zu verdeutlichen. Unterlassen Sie das, hat der Kunde lediglich begriffen, dass es viele Merkmale gibt. Wie wollen Sie ihn auf diese Art begeistern, interessieren und zum Abschluss bewegen?

Beispiel im Autohaus:
Der Wunsch ist da: ein neues Auto. Gerade erläutert der Verkäufer: »... dieses Modell hat selbstverständlich einen Airbag für Fahrer und Seitenfahrer sowie einen Kopf- und Schulterairbag.« Schön, denkt sich der Kunde, bei einem Unfall pralle ich in den Airbag und ziehe mir keine Verletzungen zu. Aber was konkret ist ein Schulterairbag? »Darüber hinaus,« fährt der Verkäufer fort, »ist hier auch ein Schleudertrauma-Schutzsystem mit eingebaut. ABS mit EBV sowie der Fahrdynamikregelung – alles mit drin.« Ups, denkt sich mancher Kunde, der keine Vorkenntnisse hat, was ist das bloß alles und wozu ist das wichtig?

Im Grunde ist alles richtig, was der Verkäufer gesagt hat. Aber, wissen Sie als Verkäufer, ob Ihre Kunden das tatsächlich verstehen? Können Sie davon ausgehen, dass Kunden immer nachfragen, wenn sie etwas nicht verstanden haben? Erkennen Kunden tatsächlich ihre Vorteile durch das bloße Aufzählen der Produktmerkmale?

Lesen Sie ein weiteres Beispiel, das ich vor nicht allzu langer Zeit selbst erlebt habe mit einem Fondsanlagenverkäufer:

»Dieser Aktienfonds investiert nur direkt in nationale Aktien, die größtenteils im DAX vertreten sind. Es ist also weder ein Umbrella- noch ein Hedgefonds. Eigentlich ist diese Anlage sicher, auch wenn natürlich ein Rentenfonds sicherer wäre. Hier sind alle Termingeschäfte sowie Futures ausgeschlossen, soweit nicht in den Bedingungen anders vermerkt ist. Durch die regelmäßige Anlage schöpft man den Cost Average Effekt optimal aus. Verlieren können Sie nur, wenn Sie in Zeiten niedriger Kurse die Anteile realisieren. Nehmen Sie diesen, der ist sehr erfolgreich.«

Haben Sie etwas verstanden? Würden Sie jetzt kaufen? Tagtäglich werden zig solcher Gespräche geführt. Ein häufiges Ergebnis ist: »Ich überlege es mir noch einmal.«

Erschwerend sind in diesem Gespräch die vielen Fachbegriffe, die Kunden nicht verstehen. Benutzen Sie Fachbegriffe, die Kunden kennen und sich nicht aus dem Fundus von Verkäufern herleitet. Effektiver ist es, deutlicher zu erklären. Kunden geben Ihnen schon zu verstehen, wenn sie »vom Fach« sind.

Erfolgsversprechender klingt dagegen folgendes Gespräch:

»Dieser Aktienfonds investiert in deutsche Aktiengesellschaften, die überwiegend im DAX vertreten sind. Sie gehören zu den ertragsstärksten Gesellschaften, schauen Sie hier: Mit dabei sind u. a. Bayer, die Deutsche Bank und die Deutsche Telekom. Durch die breite Streuung der Aktien, wie Sie hier im Verkaufsprospekt sehen, ist diese Anlage eine sehr sichere Anlage. Sie sichern sich Anteile in mehreren Branchen, u. a. der Chemie-, der Elektronik- und der Versicherungsbranche. Sie partizipieren an deren hohen Unternehmensgewinnen. Selbst wenn ein Unternehmen keine Gewinne auswirft, wird der Verlust durch die anderen wettgemacht. Zudem haben Sie den Vorteil bei einer monatlichen Geldanlage, dass Sie bei hohen Kursen wenige Anteile erwerben und bei niedrigen Kursen viele Anteile gutgeschrieben bekommen. Ein antizyklischer Einkauf, d. h., Sie kaufen wie die Profis ein. Natürlich können Sie jederzeit über Ihr Geld verfügen. Ihr Gewinn ist, Sie haben die Vorteile eines Sparbuches, aber mit sehr viel höheren Gewinnchancen.«

Erkennen Sie den Unterschied? Erfolgreiche Verkäufer geben sich nicht mit Produktmerkmalen und Kürzeln ab, sondern sie sagen ihren Kunden klipp und klar, welche Vorteile sie zu erwarten haben. Sie konzentrieren sich in ihren Verkaufsgesprächen auf das Wesentliche: den Kundenvorteil. Letztlich ist es das, was Sie zu verkaufen haben.

Sie verkaufen keine Produkte oder Dienstleistungen, sondern Vorteile. Lassen Sie diese in Ihren Verkaufsgesprächen aus, kann es zu der Situation kommen, dass Kunden sich ÜBERVORTEILT fühlen und in besonders schlimmen Situationen sogar AUSGENUTZT fühlen. Die Konsequenz dürfte klar sein.

Die Vorteilsrhetorik

Benutzen Sie einleitende Formeln, um den Vorteil deutlich anzukündigen und herauszustellen.

- Davon haben Sie
- Sie sparen
- Ihr Gewinn ist
- Ihr Vorteil ist
- Das bedeutet für Sie
- Sie sichern sich
- Das bringt Ihnen
- Sie erhalten
- Das ist für Sie
- Das erleichtert Ihnen
- Sie haben den Nutzen, dass

Nehmen Sie sich jetzt eine Auszeit und konzentrieren sich auf Ihre Produkte bzw. auf Ihre Dienstleistungen. Überlegen Sie, welche besonderen Merkmale Ihre Produkte bzw. Dienstleistungen haben und versuchen Sie, hieraus Vorteile abzuleiten.

Welche Vorteile erwarten Kunden?

- Ist es die Verarbeitung?
- Sind es die Materialien?
- Ist es die Leistung?
- Ist es der Service?
- Ist es die Verfügbarkeit?
- Ist es die Logistik?
- Ist es der persönliche Kontakt?
- Ist es ein Mehr an Gewinn?
- Ist es die Qualität?
- Ist es der Preis?
- Ist es der Standort?

Je mehr Vorteile Sie finden, umso sicherer sind Sie in Ihrer Argumentation, umso weniger können Sie überrascht werden.

Die Systematik lautet folgendermaßen:

Ein Produkt bzw. eine Dienstleistung hat viele Merkmale, für Ihre Kunden ist es wichtig, die persönlichen Vorteile aus den Merkmalen zu kennen.

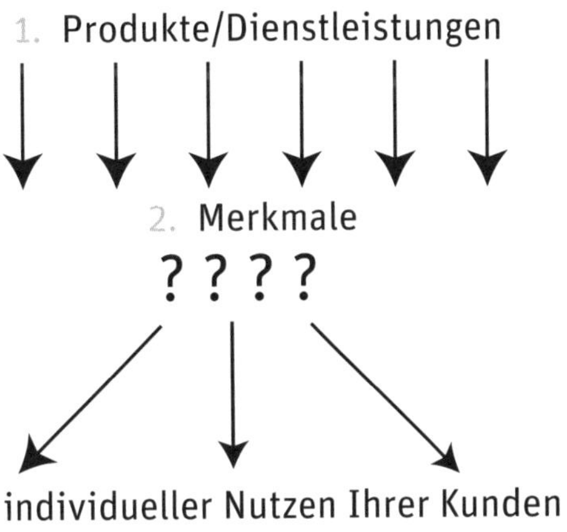

Erarbeiten Sie sich mit der folgenden Übersicht die Merkmale Ihrer Produkte bzw. Dienstleistungen und überlegen Sie sich, welche Kundenvorteile Sie betonen können.

Produkt:

Im deutschen Fernsehen laufen auf mehren Programmen Verkaufsshows. Die Grundidee stammt aus den USA. Schauen Sie sich die einmal an, um zu sehen, wie stark in deren Verkaufsgesprächen mit der Nutzenansprache gearbeitet wird. Der Nutzen wird gerade für sehr einfache Merkmale, z. B. das bequeme Zoomen mit einer bestimmten digitalen Kamera, strapaziert.

Produkte, die keinen Wettbewerbsvorteil haben, verschwinden vom Markt. Verkäufer, die keine Vorteile aufzählen können, sind nicht erfolgreich. Als das Auto erfunden wurde, hatte das Pferd als Fortbewegungs- und Transportmittel seine Schuldigkeit getan.

Die »Sie«-Ansprache

Diese konkrete Nutzenrhetorik hat für Sie weitere Vorteile. Sprechen Sie Ihre Kunden persönlich an. Zum Ersten hilft Ihnen dabei die »Sie«-Ansprache.

In einem Verkaufsgespräch gibt es nur Sie und Ihre Kunden. Alles andere zählt nicht. Sie sitzen wie unter einer Käseglocke, die in diesem Gespräch über sie gedeckt wird. Alles andere ist ausgeblendet. Ergo sprechen Sie den Kunden konkret an. Es interessiert den Kunden in dieser Situation nicht, was andere Menschen bereits haben oder dass diese Dienstleistung bereits Millionen von Menschen weitergeholfen hat. Auch das unpersönliche »man« hilft nicht weiter, weil sich keiner angesprochen fühlt. Wer ist schon »man«? Es geht einzig um die Vorteile Ihrer Kunden. Das Hervorheben der Verkäufermeinung ist absolut fehl am Platz, außer der Kunde fragt gezielt nach Ihrer Meinung. Aber die oft benutzten Floskeln vieler Verkäufer: »ICH würde Ihnen empfehlen ...«, »ICH kann Ihnen sagen, dass ...« usw. unterstützt Kunden nicht in der Frage, was deren konkreter Nutzen ist. Sagen Sie Ihren Kunden, welche Vorteile sie haben, indem Sie die »Sie«-Ansprache benutzen:

- »IHR Vorteil ist ...«
- »SIE sparen ...«
- »Das bedeutet für SIE ...«

Zum Zweiten hilft Ihnen:

Die »Namens«-Ansprache

Erinnern Sie sich an Ihre Schulzeit. Sie waren einen Moment abgelenkt und dann hörten Sie Ihren Namen. Was machen Menschen automatisch? Sie schauen auf, um zu wissen, wer was von ihnen will. In der Verkaufssituation ist es ähnlich: Der Kunde hört Ihnen zu, aber wissen Sie auch, ob Sie seine ungeteilte Aufmerksamkeit haben? Sie können natürlich sagen: »Jetzt passen Sie mal auf!« Oder: »Hören Sie mir jetzt bitte genau zu.« Das ist statthaft. Aber heißt das nicht im Umkehrschluss: »Sie haben mir bis jetzt nicht genau zugehört, also machen Sie es nun gefälligst!«

Eleganter und kundenorientierter erreichen Sie den Effekt, wenn Sie Ihren Kunden genau in dieser Situation, in der es für den Kunden besonders wichtig ist – nämlich der persönliche Nutzen strapaziert wird –, den Namen des Kunden aussprechen.

Auch aus diesem Grund ist es wichtig, den Namen des Kunden frühzeitig zu erfragen. Sprechen Sie einmal spaßeshalber einen Kundennamen bewusst falsch aus und beobachten Sie die Reaktion: statt Herr Schulze Herr Schnulze. Jeder wird Sie auf diesen Lapsus aufmerksam machen. Kunden reagieren im Positiven wie im Negativen auf ihren Namen.

Eine höhere Aufmerksamkeit können Sie bei Kunden kaum erreichen, als durch die drei rhetorischen Mittel:

1. eine sich wiederholende Floskel, z. B. »Ihr Nutzen ist ...«,
2. die »Sie«-Ansprache,
3. die »Namens«-Ansprache

und dann das Wichtigste in Ihren Verkaufsgesprächen:

4. der Nutzen Ihrer Produkte bzw. Ihrer Dienstleistungen.

Ihr Nutzen, sehr verehrter Leser ist, dass Sie mehr und sichere Abschlüsse erzielen werden!

Prüfen Sie sich:

- Wie überzeugen Sie Menschen?
- Kennen Sie die Vorteile Ihrer Produkte/Dienstleistungen oder lediglich die Merkmale?
- Sprechen Sie die Vorteile konkret an?
- Benutzen Sie die »Sie«-Ansprache?
- Wie oft sprechen Sie Ihre Kunden mit Namen an?
- Wenn Sie Kunde sind: Was nervt Sie an Verkaufsgesprächen?
- Können Sie zusätzlichen Nutzen bieten, der über das Gespräch hinaus dem Kunden Vorteile verspricht?

4. Baustein: Wie entscheiden Menschen?

Oft hört man auf die Frage: »Wieso haben Sie gerade das gekauft?« die Antwort: »Das habe ich aus dem Bauch heraus entschieden.«, »Das war eine rein gefühlsmäßige Entscheidung. Und mein Gefühl trügt mich nicht.«, »Das war spontan.«

Diese Art von Antworten werden manchmal belächelt und als Beweis dafür gewertet, dass sich der Käufer keine allzu großen Gedanken gemacht hat, warum er gerade dieses Produkt kauft.

Wie anders klingen dagegen die augenscheinlich rational begründeten Antworten: »Nach der eingehenden Analyse der Kosten unter der besonderen Berücksichtigung der wenigen Wartungseinheiten entschieden wir uns für diese Abfüllmaschine.«

Hier nickt der geneigte Zuhörer und ist von der nachzuvollziehenden Antwort überzeugt. Wie wenig Glaubwürdigkeit hätte dagegen der Entscheidungsträger mit der Antwort: »Das war eine spontane Bauchentscheidung.«

René Descartes (1596–1650), französischer Philosoph und Mathematiker, formulierte den Satz: »Cogito, ergo sum – Ich denke, also bin ich.« Damit begründete er die Philosophie, dass nur das Gültigkeit hat, was auch bewiesen werden kann. Diese Ansicht hielt sich mehrheitlich bis in das 20. Jahrhundert und erst in den letzten Dekaden reift die Überzeugung, dass es neben der Ratio weitere Beweggründe gibt. Das trifft auch auf Entscheidungsprozesse zu. Natürlich sind Fakten wichtig, aber sie allein entscheiden nicht darüber, was letztlich gekauft wird. Ein Satz, den Sie sicherlich so oder ähnlich schon gehört haben: »Hören Sie mit Ihrer Gefühlsduselei auf. Ich will Fakten, Fakten und nochmals

Fakten.« Eine Entscheidung wird nicht nur nach Lage der Fakten getroffen, sondern es greifen weitere Entscheidungskriterien.

Fragen Sie Menschen aus unterschiedlichen Kulturen, wo ihrer Meinung nach Gefühle, Wohlbefinden, Gesundheit, Angst und Ärger zu finden sind, zeigen sie entschieden auf den »Nabel der Welt und des Lebens«, eben auf die Mitte des menschlichen Körpers, den Bauch. Liebesgefühle z. B. werden auch umschrieben mit »Schmetterlinge im Bauch«, während »Ärger auf den Magen schlägt«.

Wissenschaftler sprechen bereits von einem zweiten Gehirn, einem Gehirn im Bauch. Die Erforschung dieses Gehirns steckt noch in den Anfängen, aber heute scheint bereits klar zu sein, was übrigens der Volksmund schon immer wusste, dass das Bauchhirn, das Unbewusste, weil nicht bekannt, das Kopfhirn, das Bewusste beeinflusst. Eben: Bauch steuert Kopf.

Was bedeutet es genau, wenn Menschen sagen, sie entscheiden »aus dem Bauch« heraus?

In vielen Kriminalromanen und -sendungen quälen sich die Kommissare mit einer Frage: Was ist das Motiv des Täters? Ist ein mögliches Motiv gefunden, können mögliche Täter genauer eingekreist werden, und zumindest in den Romanen führt das Finden des Motivs zum tatsächlichen Täter. Z. B. Diebstahl aus Habgier: In extremer Zeitlupe möchte sich ungefähr folgender Dialog abspielen:

Der Kopf sagt: »Das ist nicht erlaubt. Wenn wir erwischt werden, landen wir im Gefängnis. Außerdem haben wir doch ein gutes Einkommen und können mit dem Erreichten im Leben sehr zufrieden sein. Rational spricht alles gegen deine Tat.« Der Bauch dagegen: »Wäre es nicht schön, mehr zu haben, sich mehr leisten zu können? Ein größeres Haus, ein schöneres Auto, Winterurlaub dort, wo die Schönen und Mächtigen sind, Sommerurlaub in der Südsee. Und übrigens: Dieser bemitleidenswerte Mensch vor uns hat dieses Geld sowieso nicht verdient. Es gehört uns.«

Eine bessere Darstellung dieses ewigen Zwistes finden Sie im Film »Herr der Ringe«. Gollum, als Hüter seines Schatzes. »Mein Schatzzz, es gehört uns«, die Bauchentscheidung, besitzen wollen, einerseits und andererseits als Führer der Hobbitts Frodo, rational die Vorteile abwägend.

So lange die Wissenschaft für das zweite Gehirn keinen griffigen Namen gefunden hat, bleibt es bei dem Begriff: Motive, abgeleitet von dem lateinischen Verb »movere« (= bewegen).

Im tagtäglichen Leben treffen Menschen ständig Entscheidungen. Wo wird eingekauft? Welche Uhrenmarke wird getragen? Welches Urlaubsland wird gebucht? Welche Geldanlage wird bevorzugt? Für welche Reihe werden Kinokarten gekauft? Welche Automarke wird gefahren? Was wird angezogen, welche Marke?

Es sind, wie im Krimi, ebenfalls die Motive, die Menschen motivieren, veranlassen, bewegen, etwas zu kaufen, zu tun oder es zu unterlassen.

Leider sind sie, wenn sie nicht überzogen sind, schwer zu erkennen und damit schwer zu benennen. Viele Menschen kennen ihre eigenen Hauptmotive nicht, eben weil sie unbewusst sind. Aus diesem Grund benutzen sie die pauschale Formel, »gefühlsmäßig«, »aus dem Bauch heraus«, »spontan« etc. Das Unbewusste trifft unsere Entscheidungen, erst danach versuchen wir, ganz rational zu argumentieren, warum die Entscheidung so und nicht anders gefallen ist.

Meinen Freund, der sich ein paar Seiten vorher einen neuen Wagen gekauft hatte, fragte ich, warum er sich gerade diesen teuren Wagen gekauft hat. Seine Antwort: »Es ist das Auto des Jahres, also technisch absolut ausgereift. Natürlich kannst du selten auf der Autobahn über 200 km/h fahren, aber wenn, dann merkst du die PS-Zahl. Da ist im Anzug noch was drin. Dabei verbraucht er keine 15 Liter auf der Autobahn.

Und gerade auf der Landstraße ist es sicherer, schnell an einem Brummi vorbeizuziehen. Es gibt kein Auto, das eine bessere Verarbeitung im Innenraum hat als dieses. Das ist Qualität, die hat zwar ihren Preis, aber dafür ist auch alles drin: Klimaanlage, Sitzheizung, CD-Player, Navigationssystem etc. In meiner Position ist es unmöglich, mit einem Mittelklassewagen vor zu fahren. Ich sage dir: darauf wird geachtet.«

Ich war beeindruckt. Es schien eine nach reiflicher Überlegung gefallene Entscheidung gewesen zu sein. Er konnte mir eine Menge an Vorteilen aufzählen. Aber seine Motivation, gerade dieses Modell zu kaufen, lag woanders.

Es gibt Menschen, die tragen eine Brille, obwohl sie keine benötigen. Und es gibt Menschen, die bräuchten dringend eine Brille, kaufen sich aber keine. Welche Motivation steckt dahinter?

Im Verkauf haben folgende Motive eine erste Priorität:

- Das Streben nach Gewinn
- Das Streben nach Sicherheit

- Das Streben nach Anerkennung
- Das Streben nach Bequemlichkeit
- Das Streben nach Wissen
- Das Streben nach Liebe
- Das Streben nach Kontakt
- Das Streben nach Gesundheit

Die folgenden Darstellungen sind ironisch etwas überzogen, aber: Nur wer übertreibt, kann anschaulich schildern.

Das Streben nach Gewinn

Menschen, die besonders preisbewusst sind, verschaffen sich einen Überblick über alle Angebote ihrer Stadt und fahren dann gezielt zum besten Angebot, ohne Rücksicht der Fahrtkosten. Eine gute Freundin von mir sagte gerne: »Schick, meine neue Jacke, nicht wahr? Hat auch nur 79 Euro gekostet.« Oder, nach einem Einkauf von über 200 Euro: »Heute habe ich viel Geld gespart.«

Gewinnstrebler begeistern Sie am besten mit der Aussicht auf Rabatte, Sonderpreise, Sparmöglichleiten und Besitztum. In der Überzeichnung sind das die Geizhälse und Smartshopper.

Das Streben nach Sicherheit

Andere wünschen sich sehnlichst das gute Gefühl zu haben, sich innerhalb gesicherter Verhältnisse zu bewegen und zu leben, am besten mit Garantie. Z. B. der sichere Arbeitsplatz: Laut dem Bundesministerium für Gesundheit ist der Juni 2003 der Monat mit den geringsten Krankmeldungen in Betrieben seit 13 Jahren. Aus Angst, den sicheren Arbeitsplatz zu verlieren.

Ver-SICHERUNGEN sind spezialisiert, ihren Kunden in allen Lebenslagen ein sicheres Gefühl mit finanziellen Absicherungen zu geben. Nach wenigen Kilometern fragt einer: »Hast du auch das Bügeleisen ausgeschaltet?« Andere dübeln, wo ein Nagel völlig ausreichend wäre. Sicherheitsstrebler erreichen Sie am ehesten mit Sicherheit, Garantie und Schutz vor Risiko, Verlust und Veränderungen.

Das Streben nach Anerkennung

Menschen, die Wert auf gutes Aussehen legen, sind meistens markenbewusst. Die teure Markenuhr wird so getragen, dass sie jeder sehen kann. Statussymbole sind wichtig und werden gerne vorgezeigt. Man will sich einer bestimmten sozialen Gruppe zugehörig fühlen oder sich von anderen abgrenzen. Die Neureichen und der alte Geldadel. Sie machen mit, was gerade »in« ist. Anerkennungsstrebler sind interessiert an einer gesellschaftlichen Stellung, Beliebtheit, Bestätigung der eigenen Person und Machtstellung. Nutzen Sie die Eitelkeit und den Prestigegedanken.

Das Streben nach Bequemlichkeit

Es gibt Menschen, die es gerne bequem haben. Sport ist Mord, könnte eine ihrer Leitlinien sein. Wozu laufen, wenn man das Ziel auch bequem mit dem Auto erreichen kann. Oder einer, der sich im Training schindet, viel Aufwand betreibt, um in seinem Sport gut zu sein, aber abends die Mülltonne rauszutragen, das ist zu viel. Lieber einen Biogarten als einen Rasenmäher. Bequemlichkeitsstrebler sprechen Sie an mit Arbeitserleichterung, Ausruhen und Bedienungsfreundlichkeit.

Das Streben nach Wissen

Manche lassen sich immer für neue Ideen und Produkte begeistern. Sie wollen immer wissen, was los ist. Durch dieses Motiv lebt die Presse, aber auch das Schwätzchen mit Kollegen dient der Befriedigung dieses Motivs. Diese Menschen experimentieren gerne. Sie passieren auf einem Spazierweg einen langen Zaun – plötzlich ist dort ein Loch. Was machen sie? Die Neugier lässt sie nicht ruhen.

Streben nach Liebe

Jeder Mensch möchte geliebt werden. Die täglichen Soapoperas im TV zeigen es immer wieder. In Verkaufsgesprächen erreicht man diese Menschen über die fürsorgliche Liebe zum Partner, zur Familie, zu Freunden. Im weitesten Sinne auch die Vertrauensbasis zwischen Kunden und Verkäufern. Menschen tun viel, um für ihre Liebsten zu sorgen, um auch damit ihre Liebe zum Ausdruck zu bringen. Sie zeigen gerne ihre Zuneigung. Für Blumengeschäfte etwa ist der Valentinstag einer der verkaufsstärksten Tage im Jahr.

Das Streben nach Kontakt

Menschen sind gesellige Lebewesen. Das Fehlen von sozialen Kontakten macht einsam und krank. Soziale Kontakte werden geknüpft und gepflegt: zu Nachbarn und Kollegen, in Vereinen u. Ä. Einzelhaft und Isolation gehört deswegen zu den grausamsten Strafen. Es gibt eine bestimmte Sorte Menschen, die muss überall dabei sein. Keine Feier ohne Meier. Nutzen Sie diesen Wunsch in Ihren Gesprächen.

Das Streben nach Gesundheit

»In einem gesunden Körper lebt ein gesunder Geist«, das wussten bereits die alten Römer. Heute leben ganze Branchen von dem Wunsch der Menschen, gesund zu essen, fit zu sein und gesund auszusehen. Ernährung, regelmäßige Bewegung, richtiges Sitzen, Diäten und eine gesunde Umwelt spielen eine zunehmend wichtigere Rolle. Auch hier bieten sich gute Anknüpfungspunkte, um den Kunden zu packen und zu überzeugen.

Motive

- sind bei allen Menschen vorhanden.
- sind weder gut noch schlecht. Eine Bewertung der Motive erübrigt sich und führt lediglich zu Vorurteilen und zur Ironie in Gesprächen.
- wollen zufrieden gestellt werden. Nicht zufrieden gestellte Motive führen zur Enttäuschung, zur De-Motivation. In Verkaufsgesprächen bedeutet dies: keine Abschlüsse.
- sind unterschiedlich ausgeprägt. Dadurch wird jedes Verkaufsgespräch individuell.
- können sich durch äußere Einflüsse verändern. Z. B. durch einschneidende Erlebnisse, Unfälle o. Ä. So werden die Motive Sicherheit und Gesundheit im Laufe der Jahre bei vielen Menschen an Bedeutung gewinnen.

Motive sind der Motor der Kaufentscheidungen. Sie entscheiden nicht über das »Was« gekauft wird, sondern über die Ausführung und die Eigenschaften des Produkts bzw. der Dienstleistung.

Können Verkäufer erfolgreicher verkaufen, wenn sie die Motive ihrer Kunden besser einschätzen und ansprechen können? Nehmen Sie als Beispiel den Lebensmitteleinkauf anhand der Motive Anerkennung, Gewinn, Sicherheit und Bequemlichkeit. In jedem Ort haben Sie die Möglichkeit, in unterschiedlichen Märkten einkaufen zu gehen. Aber für welchen entscheiden Sie sich?

Motiv Gewinn

Sie fahren zu einem Discounter, wo die Preise bekanntermaßen tief sind, die Fahrtkosten stören Sie dabei in keiner Weise. Sie wissen, hier sparen Sie Geld. Dass das No-Name-Produkte sind, stört Sie nicht.

Gemüse und Obst mit leichten unschönen Stellen, fehlende Hinweisschilder und eine Atmosphäre, die eher an eine Lagerhalle erinnert, sehen Sie als Beweis, dass das so gespartes Geld den Verkaufspreisen zugute kommt.

Motiv Bequemlichkeit

Ihnen ist es egal, wo Sie einkaufen. Hauptsache, der Markt ist bequem und schnell zu erreichen. Ein Parkplatz muss vorhanden sein und es stimmt Sie zufrieden, dass Sie sich in dem Markt gut auskennen und nicht lange nach Produkten suchen müssen. Eine gute Beschilderung unterstützt Sie. Tiefkühl- und Fertigkost werden bevorzugt, da sie schnell und bequem zuzubereiten sind. Dass Sie gegebenenfalls mehr Geld ausgeben, nehmen Sie in Kauf.

Motiv Sicherheit

Sie fahren zu einem Markt, wo Sie sicher sein können, dass die Ware frisch ist. Ihnen ist wichtig, dass Sie kontrollieren können, woher das Fleisch stammt. Da Sie seit längerer Zeit dort einkaufen, kennen Sie bereits die Verkäufer und können sich bei Problemen auf diese verlassen. Es gibt Ihnen ein sicheres Gefühl, vorbestellte Ware, z. B. die Weihnachtsgans, auch garantiert zum vereinbarten Termin zu erhalten. Für diese Sicherheiten geben Sie gerne etwas mehr aus.

Motiv Anerkennung

Sie bevorzugen eher Feinkostgeschäfte, Märkte, in denen Sie Lebensmittel einkaufen können, die woanders nicht zu finden sind. Sie achten auf Qualität und Markennamen. Wichtig ist Ihnen das Besondere, nicht Alltägliche, besonders dann, wenn abends Gäste eingeladen sind. Lieber den französischen Frischkäse mit 75 Prozent Fettanteilen als einen normalen Gouda. Australische, kalifornische oder südafrikanische Weine werden bevorzugt, da sie zurzeit »in« sind. Der Preis spielt eine absolut untergeordnete Rolle.

In der Werbebranche wird fast ausschließlich mit den Motiven gearbeitet. Konkrete Informationen stören nur. Eine aktueller Spot im Fernsehen wirbt zurzeit für ein Auto. Weder die KW-Anzahl wird genannt noch irgendein weiteres technisches Merkmal, die Aussage lautet nur:

»Der größte Kinderwagen der Welt.«

Vor Jahren lief folgender Spot im deutschen Fernsehen:

Der Werbetext	**Welche Motive stehen dahinter?**
»Stellen Sie sich vor, ein Rasierer, der wie für Sie gemacht ist, der die Feinheiten Ihres Gesichtes erkennen kann.	
Neu von Gillette Sensor, das revolutionäre Rasiersystem. Gillette für das Beste im Mann.	
Sensoren mit Klingen, die einzeln auf hoch sensiblen Federn gelagert sind. Sie tasten die Haut permanent ab und passen sich automatisch den Unebenheiten Ihres Gesichtes an.	
Wir geben dir, was dich erfolgreich macht.	
Gillette Sensor, so gründlich, sanft und sicher wie niemals zuvor.	
Für den Mann die beste Rasur von Gillette.	
Du bist ganz vorn, du bist der Champion, Gillette für das Beste im Mann.«	

Welche Motive können Sie welcher Aussage zuordnen?

Zwei oder drei Motive sind in aller Regel stärker ausgeprägt als andere. Das sind die persönlichen, individuellen Hauptmotive eines Menschen. Erkennen Sie diese, sind Sie in der Lage, ein individuelles Profil der Motive zu erstellen. Ein Motivprofil mag folgendermaßen aussehen:

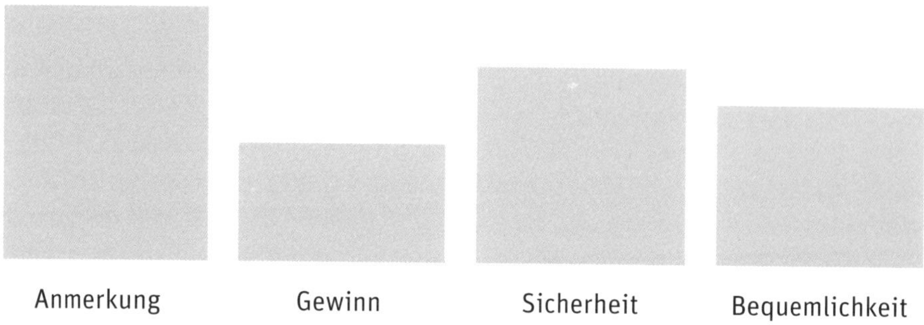

In diesem Fall würden versierte Verkäufer stärker die Motive Anerkennung und Sicherheit ansprechen.

Motive sind wie ein Geheimnis. Offensichtlich ist die Tür vor Ihnen, die zu diesem Geheimnis führt. Aber was verbirgt sich dahinter? Das zu erkunden schaffen Sie, wenn Sie hinter die Fassade schauen, sich mit dem Geheimnis ergo mit Ihren Kunden beschäftigen.

Denken Sie an Ihre guten Freunde. Versuchen Sie einmal zu erkennen, was ihnen im Einzelnen wichtig ist. Erkennen Sie die Hauptmotive Ihrer Freunde und Sie haben einen Schlüssel in der Hand, Ihre Freunde besser zu überzeugen. Sie motivieren sie, indem Sie deren Motive ansprechen.

Nehmen Sie dazu als ein Beispiel das Auto von einem Ihrer Freunde.

Ist es ein sparsamer Diesel?
Ist es ein familienfreundlicher Van?
Ist es ein nicht alltägliches Cabriolet?
Ist es ein bequemer Fünf-Türer?
Hat er die umweltfreundliche Euro-4-Norm?
Is It Love? – wie eine aktuelle Werbung fragt?
Hat er zur Sicherheit 6 Airbags?

Nichts ist unmöglich, um die Kaufmotive zufrieden zu stellen. Also: Woran erkennen Sie die Hauptmotive Ihrer Kunden? Menschen »verraten« sich dadurch, dass sie sich gemäß ihren Motiven präsentieren.

Indikatoren, um das Motivprofil eines Kunden zu erkennen

Das Erscheinungsbild

Sind die Kunden besonders gepflegt oder haben sie eher ein lässiges Auftreten?
Welche Art der Kleidung tragen sie? Praktisch, elegant?
Finden Sie Attribute wie Schmuck, Uhren, gebräunte Haut auch im Winter u. a.?
Wie ist die Mimik, Gestik und der Gang?
Gehen sie mit der Mode?

Die Sprache

Benutzen sie viele Fremdwörter?
Beharren sie auf ihrem Doktortitel?
Sind die Sätze eher kurz und prägnant oder lang und verschachtelt?
Sprechen sie oft in der »Ich«-Form?
Fordern sie einen großen Anteil am Gespräch?

Die Hobbys

Wohin fahren sie in den Urlaub?
Wie verbringen sie Ihren Urlaub? Kleines Zelt oder 4-Sterne-Hotel?
Welche Freizeitbeschäftigung wird bevorzugt? Pferdepolo oder Briefmarkensammeln?
Welche Automarke mit welcher Ausstattung wird gefahren?

Die Einrichtung

Wie ist die Büroeinrichtung? Pompös? Überladen? Nüchtern? Sachlich?
Welche persönlichen Dinge können Sie erkennen?
Wie ist die Wohnungseinrichtung? Aufgeräumt? Unordentlich? Stilvoll?
In welcher Gegend wohnt Ihr Kunde?

Wie sich Menschen präsentieren, ist nicht zufällig, sondern zeigt Ihnen, wie Menschen von ihrer Umwelt gesehen und wahrgenommen werden wollen. Sie geben Ihnen damit wertvolle Hinweise zu ihren individuellen Motiven.

Erkennen Sie die Motivstruktur Ihrer Kunden. Sprechen Sie gezielt diese Motive an. Sie werden keinen Abschluss erzielen bzw. werden es sehr schwer haben, wenn Sie zum Beispiel die Exklusivität des Produktes rühmen, dem Kunden aber ein sehr kostengünstiges Angebot vorschwebt. Was hilft es Ihnen, die Sicherheit der Geldanlage argumentativ zu strapazieren, dem Kunden aber an einer überdurchschnittlichen Rendite gelegen ist. Ihr Gespräch führt in eine Sackgasse, wenn Sie mit einer billigen Matratze an das Budget des Familienvaters appellieren, ihm aber die Gesundheit seiner Kinder wichtiger ist. Sie begeistern Ihren Kunden nicht gerade, wenn Sie die Funktionen neuer Handygenerationen betonen, die z. B. witzige Fotos von der Party aufnehmen können, wenn er es aber ausschließlich zum Telefonieren benötigt.

Alle Motive stehen in einem ständigen Widerspruch. Auf der einen Seite wollen sie nicht so viel Geld ausgeben, auf der anderen Seite hätten sie schon gerne diese schicke Sportuhr. Sie würden schon gerne joggen, um etwas für die Gesundheit zu tun, auf der anderen Seite ist es im Winter immer so kalt und alleine macht Joggen auch keinen Spaß. Sie würden gerne einmal nach Südamerika fliegen, um Land und Leute kennen zu lernen, auf der anderen Seite soll es dort nicht sehr sicher sein.

Die Kunden ringen sich zu einer Entscheidung durch, ein Motiv ringt das andere nieder. Nach außen heißt es dann endlich: »Ach was soll es. Man gönnt sich ja sonst nichts.« Oder: »Dieses eine Mal gönnen wir uns diesen teuren Urlaub.«

Die Motivansprache

Das erklärt auch, warum sich einige Kunden beim Abschluss so schwer tun, zuzustimmen. Der Kampf der Motive dauert und braucht Zeit. Daher auch die bei Käufern so beliebte Floskel: »Ich überlege es mir noch einmal.« Oder »Ich schlafe eine Nacht darüber.«

Benutzen Sie in Ihrem Verkaufsgespräch Wörter, die eindeutig auf die Motive zielen.

Anerkennung

- Ein Fachmann wie Sie ...
- Für Sie persönlich ...
- In Ihrer Position ...

- Sie als besonders guter Kunde ...
- erstklassig
- anspruchsvoll
- Dieses Angebot ist legitimiert ...
- vornehm
- Dieses Angebot unterbreiten wir nur ...
- besonders
- Auf Ihr Urteil legen wir Wert.
- geschmackvoll
- repräsentativ
- edel
- original
- einmalig
- exklusiv

Bequemlichkeit

- Sie brauchen sich um nichts zu kümmern.
- keine Mühe
- ganz bequem
- automatisch
- Wir informieren Sie ...
- kinderleicht
- Sie haben einen festen Ansprechpartner.
- Das ist einfach ...
- Wir nehmen Ihnen dieses ab.
- pflegeleicht
- Wir arbeiten für Sie.
- gemütlich
- unkompliziert

Kontakt

- Sie befinden sich in guter Gesellschaft.
- Wie andere vor Ihnen ...
- Damit sind Sie nicht allein.
- Viele entscheiden sich dafür ...
- In Verbundenheit mit anderen ...

- Wir sind doch ein Team.
- gemeinsam
- Sie haben Kontakt zu ...
- zusammen
- Machen Sie mit ...

Wissen

- Da erfahren Sie ...
- Weltneuheit
- Sie werden umgehend informiert.
- neuste Erkenntnisse
- Wissenschaftler haben entdeckt ...
- Sie kennen sich doch aus.
- Sie als belesene Frau ...
- Das wird Sie interessieren.
- Das ist Formel-1-Technik.
- aus der Weltraumtechnik
- Das ist neu ...
- eine Premiere
- interessant
- viele Funktionen

Gewinn

- Ihr Vorteil ist ...
- Sie gewinnen ...
- Sie erhalten ...
- Sie sparen ...
- inbegriffen
- herabgesetzt
- kostenlos
- inklusive
- unentgeltlich
- günstig
- umsonst
- wirtschaftlich
- sparsam

- gratis
- wertsteigernd
- lukrativ
- investieren
- Das steigert Ihren Umsatz ...
- Das kostet Sie nichts.
- Das ist eine einmalige Gelegenheit.

Gesundheit

- Das schont Ihre Nerven.
- ... das ist gesund ...
- ... bleiben Sie fit.
- umweltbewusst
- Wohlbefinden
- natürlich
- Sie schlafen ruhig ...
- entspannt
- sportlich
- naturbelassen
- erholsam
- vital
- bio
- baut auf
- fördert
- umweltgerecht

Sicherheit

- Das erhalten Sie schriftlich ...
- Ist vertraglich geregelt ...
- Sie gehen kein Risiko ein ...
- Wir bürgen ...
- Es gibt keinen Zweifel ...
- zuverlässig
- fachmännisch
- Garantie
- Damit sind Sie auf der sicheren Seite.

- bewährt
- Wir lassen Sie nicht im Regen stehen.
- strapazierfähig
- Wir sind immer für Sie da.
- kindersicher
- abgesichert
- getestet
- ... mit Sicherheit ...
- TÜV-geprüft
- Da können Sie ganz sicher sein.
- Seien Sie unbesorgt.

Liebe

- fürsorglich
- keine Sorgen
- Für die Gesundheit Ihrer Familie ...
- liebevoll
- sympathisch
- kindergerecht
- Ihre Kinder werden es Ihnen danken.
- vorsorglich
- Für Ihre Kinder ist gesorgt.

Ein Kauf findet statt, wenn in erster Linie ein Nutzen für den Kunden vorliegt, die tatsächliche Kaufentscheidung wird durch die Motive gesteuert.

Noch einmal das Beispiel Auto: Der Nutzen, und damit sprechen Sie den Verstand an, ist u. a. die Mobilität. Die Begeisterung für ein Auto erreichen Sie durch die Ansprache der Motive, eben die Gefühlsebene. In diesem Beispiel ist das Spektrum unermesslich. Sie erreichen die Aufmerksamkeit Ihrer Kunden, wenn Sie nicht ausschließlich von den Produktmerkmalen sprechen, sondern davon, welche Vorteile die Merkmale speziell für Ihre Kunden haben und wie diese Merkmale die Motive der Kunden zufrieden stellen.

Konzentrieren Sie Ihre Ansprache ausschließlich auf Vorteile und Motive – und Sie haben etwas zu verkaufen. Alles andere ist Produktbeschreibung und um den heißen Brei reden.

Warum sollte der Kunde Ihnen zuhören? Sie sind effektiver im Gespräch und erreichen schneller und sicherer den Abschluss, weil Sie von Dingen sprechen, die den Kunden wirklich und einzig interessieren.

Versuchen Sie jetzt einmal, die Motive Ihrer besten Freunde, guter Bekannter oder auch Ihrer Familie zu erkennen. Versuchen Sie es mit den Hauptmotiven, also den ersten beiden oder dreien. Sie werden sehen, dass eine Ansprache dieser Motive zumindest ein Interesse weckt und eine Zustimmung schneller fällt, als wenn Sie die Motive ignorieren.

Was sind Ihre eigenen Hauptmotive? Womit kann man Sie begeistern? Schärfen Sie Ihren Blick und Ihre Aufmerksamkeit für Ihre Kunden. Durch regelmäßiges Trainieren werden Sie feststellen, dass Sie Ihre Kunden schneller begeistern können, dass Sie sie auf Dinge ansprechen können, die sie wirklich interessieren. Sie manipulieren Ihre Kunden nicht, sondern motivieren sie, das zu kaufen, was sie wirklich bewegt.

Nutzenansprache bedeutet:	in Gesprächen die Vorteile zu verdeutlichen.
Motivansprache bedeutet:	in Gesprächen die individuellen Beweggründe von Kunden anzusprechen.

Es geht dabei nicht um Ihre Begeisterung für Ihre Produkte – die natürlich auch wichtig ist –, sondern um die Begeisterung Ihrer Kunden.

Fehlen Ihnen Ihre Nutzenargumente, helfen Ihnen die Motive nicht weiter. Außer natürlich die Kunden sind so begeistert, dass sie den Nutzen bereits selber erkannt haben.

In diesem Fall verkaufen Sie nicht mehr, sondern verteilen nur noch.

Prüfen Sie sich:

- Kennen Sie Ihre Hauptmotive?
- Kennen Sie die Motive Ihrer Kunden?
- Welche Motive mögen für Ihre Produkte oder Dienstleistungen vorherrschend sein?
- Setzen Sie die Motive gezielt in Ihren Verkaufsgesprächen ein?

5. Baustein: Der Kunde kann sich nicht entscheiden

Sie kennen die Situation: Aus Ihrer Sicht haben Sie ein gutes Gespräch geführt. Sie wissen, welche Vorteile Ihr Kunde erwartet und glauben, ein Hauptmotiv erkannt zu haben. Trotzdem kann sich der Kunde nicht entscheiden. Es kommt der berühmt-berüchtigte Satz, der vielen Verkäufern vor Verzweiflung das Herz in die Hose sacken lässt:

»Ich überlege es mir noch einmal.«

Wie reagieren Sie jetzt? Sagen Sie: »Na gut. Beehren Sie uns recht bald wieder.« Oder geben Sie Ihre Visitenkarte mit der Aufforderung, jederzeit wieder vorbeizuschauen, mit Ausnahme des Dienstags, denn das ist Ihr freier Tag? Oder fordern Sie Ihre Kunden auf, Sie anzurufen, am besten vormittags, denn nachmittags sind Sie schwer zu erreichen auf Grund Ihrer Kundentermine?

Viele Verkäufer werden erst in dieser Situation richtig wach. Hoppla, ein sicher geglaubter Abschluss droht zu scheitern. Jetzt intensivieren sie ihre Anstrengungen, den Kunden doch noch zu überzeugen. Plötzlich fallen ihnen eine Menge an Vorteilen ein, die der Kunde noch schnell wissen sollte. Es ist, als wenn das Gespräch erst jetzt beginnt. Tatsächlich ist es ein zweiter Anlauf, ein Zweitgespräch.

Aber: Auf Grund des ersten Gespräches haben sich Kunden bereits entschieden und die Entscheidung lautet »Nein«. Sie haben Zeit vergeudet und einen unnötigen Aufwand betrieben. Da stellt sich die Frage: Warum haben Sie diesen Einsatz nicht sofort gezeigt?

Auf alle Fälle sind die oben genannten Reaktionen unverbindlich und sie üben keinerlei Druck auf Kunden aus. Aber haben Sie gerade einen Kunden verloren? Sie wissen nicht, ob der Kunde zu Ihnen zurückkommt und Ihnen eine weitere, zweite Chance gibt. Sie können es nur hoffen. Sie sind für heute aus dem Gespräch raus. Was sollen Sie machen?

Einige Verkäufer machen sich auf Nachfragen ihres Verkaufsleiters Mut: »Klar, Herr Verkaufsleiter, der kommt wieder. Das weiß ich. Ich bin über 12 Jahre im Geschäft, da habe ich so etwas im Gefühl.« Das ist oftmals eine Illusion.

Bis zu dieser Situation war es ein angenehmes Gespräch. Sie setzten Akzente und waren aktiv. Plötzlich aber geben Sie das Zepter des Handelns aus der Hand. Sie agieren nicht mehr, sondern reagieren nur noch. Der Kunde hat die Führung im Gespräch übernommen und hat das Gespräch gerade abrupt und für Sie schmerzlich abgebrochen. Aber warum? Kennen Sie die Gründe, warum

Ihr Kunde bei Ihnen heute nicht kaufen wollte? Wissen Sie, was genau gemeint ist, wenn Kunden sagen:

- »Ich überlege es mir noch einmal.«
- »Ich kann mich noch nicht entscheiden.«
- »Vielen Dank, aber wir schauen weiter.«
- »Lassen Sie Ihre Unterlagen hier, ich rufe Sie an.«
- »Ich muss noch vergleichen.«
- »Ihr Verkaufsleiter soll mich anrufen.«

Eben. Warum fragen Sie Ihre Kunden nicht? Agieren Sie!

Der bereits erwähnte Freund, der sich kürzlich ein Auto zulegte, meinte in unserem Gespräch weiter: »Ich hatte mich dann schließlich entschieden. Danach rief ich die anderen Autohäuser an und sagte ab. Alle waren natürlich enttäuscht, aber nur einer wollte wissen, warum ich mich gegen sein Modell entschieden hatte.«

Eine Ablehnung zu bekommen, ist alltäglich, das können Sie nicht verhindern. Was Sie aber verhindern können, ist, nicht zu wissen, warum Kunden das Gespräch verlassen. Wenn Ihr Kunde jetzt nicht kauft, haben Sie das Geschäft verloren. Fragen Sie nach, bringen Sie sich in das Spiel zurück und Sie erhöhen Ihre Chancen auf einen Abschluss.

Professionell nachgefragt

1. Schritt: Nehmen Sie Ihre Kunden ernst!

Lassen Sie Ihre Kunden aussprechen. Unterbrechen Sie sie nicht. Hören Sie aktiv zu. Gerade wenn Sie glauben, zu wissen, worauf der Kunde hinaus will, lassen Sie ihn zu Ende sprechen. So erfahren Sie, was ihn wirklich bewegt und Sie überhören keine Details. Halten Sie Blickkontakt zu Ihren Kunden. Ein ausweichender Blick signalisiert Desinteresse, gelangweilt sein. Beachten Sie den Einsatz Ihrer Gestik.

2. Schritt: Loben Sie die Ablehnung

Sagen Sie etwas Nettes. Zum Ersten überrascht es den Kunden, zum Zweiten bauen Sie keine Barrieren auf, die die Situation verschlimmern, sondern schaffen Verständnis und zeigen Gemeinsamkeiten. Besonders wichtig ist, dass Sie mit Loben das Motiv »Anerkennung« ansprechen. Anerkennung dafür, dass der Kunde Ihnen offen und ehrlich die Gründe des Nichtkaufens erläutert. Nur so erhalten Sie die Möglichkeit, das Gespräch offen zu halten. Alles andere ist Bettelei.

- »Das kann ich gut verstehen.«
- »Danke, dass Sie mir die Gelegenheit geben.«
- »Ja, da haben Sie Recht.«
- »Schön, das ist ein interessanter Aspekt.«
- »Gut, dass Sie so offen zu mir sind.«
- »Das ist ein wichtiger Punkt, den Sie ansprechen.«
- »Das ist verständlich.«

Diese beispielhaften einleitenden Worte klingen kundenorientierter als: »Schade, dann eben nicht.«

3. Schritt: Konkret nachfragen

Greifen Sie die Einwände Ihrer Kunden auf und nicht an. Attackieren Sie die Argumentation Ihres Kunden, greifen Sie ihn persönlich an. Sie verletzen das Motiv »Anerkennung« Ihrer Kunden.

- »Was gibt es da noch zu überlegen?«
- »Wenn Sie das woanders billiger gesehen haben, beweisen Sie mir das.«

Mit solchen Sätzen setzen Sie Ihr Gegenüber unter Druck. In der Reaktion des Kunden geht es jetzt nicht mehr darum, den Punkt zu revidieren, sondern das Gesicht zu wahren. Ein Streitgespräch ist vorprogrammiert. Vermeiden Sie daher, mit Ihren Kunden über deren Einwände zu diskutieren. Sie wissen zu diesem Zeitpunkt ja nicht, was den Kunden bewegt. Diskussion bedeutet, das eigentliche Thema des Verkaufsgespräches zu verlassen und ein untergeordnetes Nebenthema zu strapazieren.

Wer redet, weiß nicht, was den anderen bewegt. Verkäufer, die diskutieren, geben den Kunden Zeit und Alternativen, sich Antworten und Reaktionen zurechtzulegen. Und meistens sind es die nicht erwünschten Antworten.

Viele Verkäufer nehmen das Ausweichmanöver der Kunden an, indem sie ein neues Gespräch eröffnen. Selbst wenn es ihnen gelingt, das Gespräch zufrieden stellend zu beenden, wird es schwierig werden, auf den eigentlichen Inhalt des Verkaufsgespräches zurückzukommen. Sie mögen die Diskussion gewinnen, verlieren aber womöglich einen potenziellen Kunden. Er quittiert ein für Sie gewonnenes Gespräch mit Nichtkaufen.

Fragen Sie besser konkret nach, was Ihre Kunden bewegt. Nehmen Sie die Gründe der Kunden auf und formulieren Sie sie zu einer Frage. Setzen Sie bewusst den Kundennamen ein, um eine höhere Aufmerksamkeit zu erzielen und die persönliche Atmosphäre zu verstärken.

- »Herr Kunde, was genau wollen Sie sich noch überlegen?«
- »Welche Punkte sind offen geblieben?«
- »Frau Kundin, was hat Sie noch nicht überzeugt?«
- »Welche weiteren Informationen benötigen Sie?«
- »Was wollen Sie sich woanders anschauen, was wir Ihnen nicht bieten können?«
- »In welchen Details konnte ich Sie nicht überzeugen, die Sie, Herr Kunde, noch vergleichen wollen?«

Der Kunde hat nur zwei Wahlmöglichkeiten: entweder bei der Ablehnung zu bleiben oder Ihnen einen Grund zu nennen. Im Fall der Ablehnung ist leider festzustellen, dass Sie für diesen Moment im Gespräch eine Pause einlegen müssen. Es scheinen für den Kunden wichtige Gründe vorzuliegen, heute nicht zu kaufen. Ein weiteres Insistieren kann jetzt kontraproduktiv sein. Sie werden zu einem späteren Zeitpunkt auf diesen Kunden zurückkommen, wie weiter unten beschrieben.

Die andere Möglichkeit ist, dass der Kunde Ihnen seine Gründe nennt.

4. Schritt: Neue Vorteile anbieten

Jetzt wissen Sie genau, welche Informationen Ihr Kunde noch benötigt. Sie kennen ein weiteres Merkmal, das noch nicht zur Zufriedenheit des Kunden gelöst wurde, nicht ausführlich genug besprochen oder eventuell von Ihnen schlicht vergessen wurde. Zeigen Sie erneut Vorteile auf.

Zwei Beispiele verdeutlichen die Struktur.

Eine fondsgebundene Lebensversicherung auf Aktienbasis:

Kunde: »Gut, lassen Sie mir die Unterlagen hier. Sie hören von mir.«

Verkäufer: »Schön, Herr Kunde, dann hätten wir so weit alles besprochen. Aber eins interessiert mich noch: Welcher Punkt ist noch nicht zu Ihrer Zufriedenheit besprochen worden?«

Kunde: »Nein, nein. So weit ist alles klar. Mich beunruhigt lediglich, dass mein Geld, also die Auszahlsumme, unsicher ist, wenn im Ablaufjahr die Aktienkurse wieder so stark einbrechen.«

Verkäufer: »Gut, dass Sie diesen Punkt ansprechen. Diesen wichtigen Aspekt hatte ich in der Tat vergessen. Schauen Sie, Herr Kunde, Sie haben die Wahl, 5 Jahre vor Ablauf Ihre Anteile in einen Rentenfonds zu tauschen. Das bedeutet keine Extragebühren für Sie, ist also kostenlos. Sie sichern sich damit die letzten 5 Jahre kontinuierlich steigende Gewinne. Ihr Vorteil ist, dass Ihr Fonds weniger den Kursschwankungen an der Börse unterliegt und damit können Sie sicher sein, die hohe Ablaufsumme zu erhalten. Sie gehen kein Risiko ein. Welche weiteren Fragen haben Sie noch?«

Nächstes Beispiel: Der Kauf einer hochwertigen Ledergarnitur

Kunde: »Tja, also, wir überlegen uns das noch einmal.«

Verkäufer: »Ja, das kann ich gut verstehen. Es ist ja auch eine große Summe Geld, die Sie investieren wollen. Aber, da wir gerade so nett miteinander plaudern: Was genau wollen Sie sich noch überlegen?«

Kunde: »Das Leder scheint uns doch sehr empfindlich zu sein. Wie wird die Garnitur nach 8 bis 10 Jahren aussehen, wie viele Flecken hat sie dann?«

Verkäufer: »Ja, sehr richtig. Schauen Sie, das von Ihnen ausgesuchte Long-Life-Leder hat folgende Vorteile: ...«

Kein Kunde ist Ihnen böse, wenn Sie nach einem guten und intensiven Gespräch fragen, warum Sie heute nicht zueinander kommen. Ganz im Gegenteil: Beweist es nicht Ihr Interesse an diesem Geschäft? Ein Seminarteilnehmer sagte an dieser Stelle im Seminar einmal zu mir, dass er seine Kunden ganz offen anspricht: »Herr Kunde, ich will Sie gerne als unseren Kunden gewinnen. Was steht dem jetzt noch im Wege?« Müßig zu erwähnen, dass dieser Verkäufer regelmäßig zu den fünf erfolgreichsten innerhalb seiner Firma zählt.

Es ist Ihr Recht, nachzufragen. Sie haben eine Dienstleistung erbracht. Wenn jemand anders für Sie arbeitet, zahlen Sie schließlich auch die Rechnung. Ein Beispiel: Sie speisen in einem Restaurant. Nach einem zweistündigen hervorragenden Essen, exzellentem Wein sowie einem Espresso mit einem Digestiv und zwei Kellnern, die Ihnen Ihre Wünsche sofort erfüllten, kommt die Kleinigkeit der Rechnung. Erst die Dienstleistung, dann bitte die Begleichung. Selbiges finden Sie beim Friseur, Handwerker und Autohaus. Ebenso arbeitet Ihr Steuerberater ein Jahr lang für Sie, dann erhalten Sie eine Rechnung für erbrachte Dienstleistungen. Es ist überall die gleiche Vorgehensweise: erst die Leistung, dann die Begleichung.

Warum sollte das bei Ihnen anders sein? Natürlich, Sie haben Recht, wenn Sie jetzt einwenden: Sie können Ihre Kunden nicht zwingen, bei Ihnen abzuschließen. Das machen Sie ein paar Mal und erhalten dann die Quittung in Form von Stornierungen und Beschwerden.

Aber was Sie machen können, ist Folgendes: Mit der Einstellung: »Ich als Verkäufer erbringe eine Dienstleistung und selbstverständlich kauft mein Kunde heute bei mir. Deswegen führen wir dieses Gespräch«, erreichen Sie mehr. Mit dem Anspruch: »Ich arbeite für meine Kunden, also ist meine Erwartungshaltung, dass die Kunden auch kaufen«, werden Sie erfolgreicher.

Alles andere als der Abschluss muss sich für Sie als eine Überraschung darstellen. Die Erwartungshaltung vieler Verkäufer heute ist: Der Kunde kauft eh nicht, also was soll ich mich engagieren. Wenn Kunden dann wider Erwarten signalisieren »Ich will kaufen!«, erkennt man oft folgende Reaktion:

1. große, ungläubige Augen,
2. plötzliches geschäftsmäßiges Verhalten,
3. engagierte Stimme und Sprechweise,
4. bestimmtes und selbstsicheres Auftreten.

Sie kennen die Situation: Das Telefon klingelt und ein Verkäufer versucht Ihnen ein Zeitschriftenabonnement, eine Geldanlage, eine private Krankenversicherung, günstigere Telefontarife o. Ä. zu verkaufen. Achten Sie einmal auf die Stimme und die Sprechweise. Die Stimme klingt oft gelangweilt und Sie hören förmlich heraus, dass Sie der 88. Kunde heute sind. Und vergleichen Sie diese Reaktion mit der, nachdem Sie Interesse signalisiert haben.

Die Ablehnung des Kunden »Ich überlege es mir noch einmal« bedeutet nicht den Abbruch des Gespräches. Es ist wie im Sport: Nach einem guten und ausgeglichenen Spiel liegen Sie plötzlich 5 Minuten vor Spielende ein Tor hinten. Da muss man noch einmal seine Kräfte mobilisieren und einen weiteren Angriff starten.

Mit Fragen übernehmen Sie wieder die Führung des Gespräches und erhöhen Ihre Chancen, heute doch noch zum Abschluss zu kommen. Fragen Sie nicht, haben Sie keine Chancen.

Natürlich ist es völlig legitim, dass Kunden sich nicht sofort entscheiden. Schade für Sie, aber: »That's business.«

Aber: Was können Sie mit Nachfragen verlieren, was Sie nicht schon verloren haben?

Prüfen Sie sich:

1. Nehmen Sie Kunden ernst. Hören Sie aktiv zu.
2. Würdigen Sie den Einwand. Freuen Sie sich, dass der Kunde Ihnen die Möglichkeit gibt, im Gespräch zu bleiben.
3. Fragen Sie konkret nach, um zu wissen, welche Details offen geblieben sind.
4. Zeigen Sie erneut Nutzen auf. Daran hapert es meistens.

Preise entscheiden Verkaufsgespräche?

Ein Grund, warum Geschäfte nicht zum Abschluss kommen, ist der Preis. In Zeiten von »Geiz ist geil« versuchen immer mehr Kunden zu feilschen. Prinzipiell ist das in Ordnung. Die Frage ist nur, warum in Deutschland praktisch über Nacht jeder versucht, einen individuellen Preis auszuhandeln. Jahrzehntelang wurde der geforderte Preis bezahlt und plötzlich soll alles anders sein? Woher kommt diese Manie?

Angeheizt wurde diese Entwicklung sicherlich durch die Presse und durch das Fernsehen. Eine vor Jahren mit einer eigenen Show ausgestattete Moderatorin feuerte ihre Zuschauer sinngemäß an: »Handeln Sie! Wer nicht handelt, ist blöd.« Viele Wochenmagazine nahmen dieses Thema auf und schrieben seitenweise darüber. In einigen gab es Rubriken: »So handeln Sie Preise richtig runter!« Es gehört heute zum guten Ton zu handeln. In meinen Seminaren frage ich meine Teilnehmer bei diesem Thema immer wieder: »Wer von Ihnen handelt oft bzw. regelmäßig?« Darauf melden sich 20 Prozent bis maximal 35 Prozent. Alle anderen bestätigen, dass sie sich nicht trauen, so etwas noch nie gemacht haben, nicht wüssten, was sie sagen sollten oder dass es ihnen peinlich ist etc. So ergeht es den meisten Kunden in Deutschland. Kurz: Sie handeln nicht! Damit sind die, die nicht handeln, bundesweit in der Mehrheit, auch wenn gerade Einzelhandelsverkäufer genau das Gegenteil behaupten.

Wenn alle Kunden nur den besten Preis bezahlen wollten, dann hätte eine Vielzahl von Produkten und Firmen keine Daseinsberechtigung mehr. Aber diese Firmen wirtschaften mit ihren »teuren« Produkten und Dienstleistungen erfolgreich weiter.

Viele Kunden sind bereits begeistert, wenn sie einen Rabatt von z.B. 3 Prozent erhalten. Sie vergleichen dann anschließend nicht mehr den Endpreis, sondern sie sind zufrieden, aus ihrer Sicht einen guten Preis ausgehandelt zu haben. Das der oftmals immer noch höher liegt als bei der Konkurrenz, stört nicht weiter.

Ein Grund der Kaufentscheidung ist in den Kaufmotiven begründet. Nehmen Sie als Beispiel die Wahl Ihres Friseurs. In jeder Stadt gibt es mittlerweile Friseure, die einen einfachen Schnitt für 10 € anbieten. Der Nachteil ist: Sie erhalten keinen Termin und müssen eine Wartezeit in Kauf nehmen. Warum gehen Sie also noch zu einem Friseur, bei dem der Schnitt 25 € kostet? Ist das nicht »rausgeschmissenes« Geld? Nein, Sie haben konkrete Gründe, warum Sie Ihrem Friseur weiterhin die Treue halten. Vergleichen Sie dazu nochmals das Kapitel: »Wie entscheiden Menschen?«

Also: Der Preis ist nicht ausschließlich entscheidend.

Für die, die handeln, ist es in aller Regel eher ein Spiel. Sie sind Preisamateure. Wer von Ihnen jemals gepokert hat oder die Regeln im Pokern kennt, weiß, dass eine elementare Größe im Spiel das Pokerface ist. Mit keiner Regung zeigen, welches Blatt sie in den Händen halten. Dieses Spiel, das »Preis-Pokern«, wird von Kunden gerne gespielt. Es ist mittlerweile völlig legitim, nach einem besseren Preis zu fragen. Legitim ist es aber auch, schlicht »Nein« zu sagen.

Das Ziel der Preisamateure ist es, das Spiel zu gewinnen. Sie wollen nicht den letzten Euro rauspressen, sondern sind oft schon zufrieden, wenn es bereits eine kleine Zugabe, einen Extrabonus o. Ä. gibt. Dagegen gibt es die so genannten Preisdrücker, Kunden, deren Ziel es ist, einen maximalen und wirklichen Preisnachlass zu erzielen. Sie verlassen ein Geschäft ohne zu kaufen, wenn sie ihre Vorstellungen nicht durchsetzen können. Nicht der Geiz treibt die Menschen, sondern der Ehr-Geiz, möglichst viel aus seinem Geld zu machen.

Wie können Sie sich als Verkäufer gegen Preisgespräche wappnen?

Bieten Sie von sich aus niemals einen Rabatt an. Sie fordern Kunden indirekt auf, weiter zu verhandeln. Wenn Sie schon einen günstigeren Preis anbieten können, denken viele Kunden, ist da noch mehr Spielraum drin. Zudem zeigen Sie eine Unsicherheit: Es verschlechtert Ihre Verhandlungsposition, wenn Sie aus Angst, einen möglichen Auftrag zu verlieren, ausschließlich mit Preisen argumentieren.

Kunden merken instinktiv, wann ein Verkäufer unsicher wird und nutzen diese Situation aus. Bleiben Sie sicher. Zeigen Sie nicht, dass diese Frage Sie aus Ihrem Konzept bringt. In meinen Seminaren werden zu diesem Thema Videoaufnahmen erstellt. Gestandene Verkäufer wiederholen spielend, was sie tagtäglich machen. Bei über 80 Prozent aller Aufnahmen wiederholt sich folgendes Phänomen bei der Frage nach einem besseren Preis:

- der Blickkontakt wird unterbrochen
- ein Schreibtisch dient plötzlich als Halt
- es wird ein Schritt zurückgegangen
- der Verkäufer zupft an seiner Krawatte
- es wird gestottert und Füllwörter wie »äh« usw. werden benutzt
- die Schultern werden hochgezogen

Welche Wirkungen hinterlassen diese Aktionen? Strahlen diese Verkäufer wirklich Sicherheit und Überlegenheit aus? Und merken ihre Kunden das?

Verkäufer haben so einen schwierigeren Stand, egal, was sie sagen, es wird schwer, das Preisgespräch zu ihren Gunsten zu entscheiden. Verkäufer zeigen Unsicherheiten und Kunden versuchen, diese Unsicherheit auszunutzen. Sie fühlen sich überlegen. Um sicher zu reagieren, wappnen Sie sich. Seien Sie sich bewusst, dass Preisgespräche heute ein Teil eines Gesamtverkaufsgespräches ausmachen. Stellen Sie sich auf die Frage ein, ja, erwarten sie diese. Und dann agieren Sie sicher: Gehen Sie eher einen Schritt auf den Kunden zu, sitzenderweise beugen Sie sich den Kunden zu, halten Sie den Blickkontakt, lächeln Sie. Antworten Sie bestimmt und ohne eine lange Verzögerung.

9 Techniken, um Preisgespräche zu entscheiden

Welche Möglichkeiten haben Kunden, in ein Preisgespräch einzusteigen?

1. Sie haben das Produkt woanders günstiger gesehen, also der Vergleichspreis.
2. Sie fragen direkt nach einem günstigeren Preis.

I. Der Vergleichspreis

1. Die Fragetechnik

Viele Produkte sehen identisch aus, ohne tatsächlich identisch zu sein. Sofern Kunden keine Sachkenntnisse haben, bleiben sie im guten Glauben, ein identisches Produkt vor sich zu haben. Aber es gibt eben deutliche Unterschiede. In einer Verkaufssituation können Verkäufer nicht erahnen, ob jetzt über identische Produkte gesprochen wird oder ob der Kunde glaubt, Vergleichbares gesehen zu haben.

Viele Verkäufer reagieren ablehnend und vorwurfsvoll: »Das kann ich mir nicht vorstellen.« »Das glaub ich nicht. Das müssten Sie mir schon beweisen.« oder Ähnliches. Kunden können darauf nur empört reagieren. So weit kommt es noch, dass sie Verkäufern Preise beweisen müssen. Fragen Sie besser genau nach. Reagieren Sie kundenorientierter.

Ein Beispiel aus dem Möbelverkauf. Der Kunde meint, den gleichen Sessel für einige Euro günstiger woanders gesehen zu haben. Der Verkäufer reagiert gelassen: »Gut, dass Sie das ansprechen. Ist es der gleiche Sessel, also auch mit dem Buchengestell gewesen?« Der Kunde bejaht. »Ist es auch der gleiche Stoff gewesen?« Wiederum bejaht der Kunde. Stellen Sie jetzt eine Frage, die Produktkenntnisse voraussetzt: »Welche Stoffgruppe hatte der Sessel?« Darauf wird der Kunde in aller Regel keine Antwort wissen.

Wohlgemerkt: Es ist geht nicht darum, dass der Kunde sein Gesicht verliert, sondern vielmehr um eine Prüfung Ihrerseits, inwiefern tatsächlich vom gleichen Produkt gesprochen wird. In der Vielfalt der Produktmerkmale ist es für Laien sehr schwer, festzustellen, inwieweit Unterschiede vorhanden sind. Es wird Ihnen also kein Kunde übel nehmen, wenn Sie an einer Lösung dieses offensichtlichen Problems interessiert sind.

Vor einiger Zeit in einer Herrenboutique: Ein Kunde hatte sich bereits für einen hochwertigen Anzug entschieden. Lediglich das Preisgespräch war noch nicht beendet. Der Kunde wandte sich an seinen Verkäufer: »Diesen Anzug habe ich eben für 100 Euro beim Herrenausstatter xy günstiger gesehen. Wir kommen direkt von dort.«

»Schön,« antwortete der Verkäufer, »das glaube ich Ihnen gerne. Sagen Sie bitte: Ist es der gleiche Hersteller?«

»Ja, ja, deswegen bin ich selber überrascht.«

»Gut, gut,« reagierte der Verkäufer augenscheinlich etwas nachdenklich; »wie ist denn die Anzahl der Knüpfpunkte?« Darauf wusste der Kunde keine Antwort, ihm schien der Begriff Knüpfpunkte völlig unbekannt zu sein.

»Schauen Sie,« so der Verkäufer weiter, »das scheint mir der Unterschied zu sein: Dieser Anzug hat die Anzahl 120, also die höchste. Der von Ihnen beschriebene Anzug hat, so schätze ich, nur die Hunderter-Anzahl. Ihr Vorteil bei diesem Anzug ist ...«

Und jetzt zählte er drei Vorteile auf mit dem Ergebnis, dass der Kunde kaufte. Übrigens: Es gibt Knüpfpunkte nur bei Mischgeweben, also selten bei Anzügen.

Es macht keinen Sinn, Kunden zu verdächtigen oder aufzufordern, deren Behauptung zu beweisen. Fragen Sie nach. In aller Regel gibt es die Preisunterschiede aus gutem Grund. Viele Produkte sind für Kunden schlecht bzw. gar nicht zu vergleichen. Versuchen Sie, mit Ihren Kunden gemeinsam diese Irritationen aufzulösen. Das setzt natürlich voraus, dass Sie den Markt beobachten. Ansonsten haben Ihre Kunden Recht.

Natürlich gibt es Produkte, die absolut zu vergleichen sind. Die Digitalkamera XP 150 eines bekannten Herstellers ist absolut vergleichbar und macht Preisgespräche für Verkäufer schwierig. Es ist dann die Entscheidung der Verkaufsleitung, diesen Preis zu halten.

Nochmals die Systematik:

1. Zeigen Sie Verständnis für die Aussage der Kunden und bauen Sie keine Barrieren auf.
2. Stellen Sie Fragen, um sicher zu gehen, dass Sie beide vom identischen Produkt sprechen.
3. Fragen Sie gezielt nach den Details, in denen Ihres Wissens nach Preisunterschiede begründet sein können. Mit Ihren Produktkenntnissen ist dies kein Problem.
4. Zeigen Sie Nutzen auf, um den Preisunterschied aufzuklären.

II. Aus der Situation direkt fragen

2. Die Schweige-Technik

Eine zweite Einstiegsfrage für eine Preisdiskussion am Ende des Gespräches lautet:

»Welchen Preis machen Sie mir?«

Oder: »Ich kaufe nie ohne einen Nachlass. Wie hoch ist der bei Ihnen?«

Ihre Antwort fällt knapp, höflich und doch bestimmend aus:

»Es tut mir Leid. Ich kann Ihnen keinen anderen Preis machen.«

Oder: »Da ist nicht mehr drin, selbst wenn ich wollte. Nein.«

Und danach schweigen Sie! Schließen Sie Ihren Mund. Das wird Ihnen besonders als Verkäufer schwer fallen, aber versuchen Sie es. Wer den nächsten Satz beginnt, läuft Gefahr, das Gespräch zu verlieren.

Der Kunde hat jetzt nur zwei Möglichkeiten: Entweder lässt er sich auf Ihre Aussage nicht ein und beharrt weiter auf einem Nachlass. Oder er stimmt Ihnen zu und kauft. Auf alle Fälle zwingen Sie den Kunden zu einer Reaktion. Verkäufer im Handel haben folgenden Satz so oder ähnlich ungezählte Male gehört, wenn Kunden nachgeben: »Na ja, aber fragen muss man ja heutzutage schon einmal.« An diesem Satz erkennen Sie Preisamateure.

In dieser Situation haben Sie Ihren Preis elegant vertreten, ohne sich zu rechtfertigen, zu versuchen, einen Preis zu erklären oder sonstige ausschweifende Reden zu halten.

All dieses hat Kunden nicht zu interessieren.

Die Systematik:

1. **Halten Sie den Blickkontakt.**
2. **Verneinen Sie kurz, prägnant und höflich.**
3. **Danach schweigen Sie!**
4. **Ihr Kunde soll reagieren.**

Wie reagieren Sie, wenn Kunden nicht in Ihrem Sinne reagieren und weiterverhandeln? Gerade Preisdrücker lassen sich mit einer einmaligen Ablehnung nicht so einfach abspeisen. Lassen Sie sich nicht beeindrucken und bleiben Sie bei Ihrer Linie: Verständnis zeigen und ablehnen.

Es ist wie im Sport: Sie haben eine starke Verteidigung und wehren erfolgreich einen Angriff nach dem anderen ab. Um Ihre Kräfte zu schonen, starten Sie selbst keinen Angriff, sondern warten ab, bis Ihr Gegenüber ermüdet ist. Um in der Sportsprache zu bleiben: Es ist zwar kein schönes Spiel, aber der Zweck heiligt die Mittel. Am Ende zählen nur die gewonnenen Punkte und eine Woche später fragt keiner mehr nach, wie das Spiel entschieden wurde. Also stärken Sie Ihre Verteidigung, indem Sie ständig »Nein« sagen, aber in wechselnden Techniken.

3. Die »Ganz neu«-Technik

Mir selber ist vor Jahren beim Schuhekaufen folgendes Gespräch unterlaufen: Ich hatte mich entschieden und auf meine Frage, welchen Preis man mir machen könnte, antwortete die Verkäuferin fröhlich und spontan: »Tja, ich würde Ihnen gerne entgegenkommen. Aber gerade bei diesem Paar kann ich Ihnen unmöglich entgegenkommen. Das ist die ganz neue italienische Frühjahrskollektion. Da werden Sie Verständnis für haben.«

Hatte ich zwar nicht, aber mir fiel leider auch keine überzeugende Antwort ein. Es ist einleuchtend, dass eine aktuelle Ware im Gegensatz zu den Ladenhütern nicht unter Wert verkauft wird. Die Verkäuferin war sehr überzeugend und hatte das Spiel gewonnen.

4. Die »Rücksprache«-Technik

Sie haben Ihre Möglichkeiten an Preisnachlässen ausgeschöpft, aber der Kunde insistiert weiter. Sie wollen sich auf keine längere Diskussion einlassen und schlagen vor, Rücksprache zu halten. Sei es mit Ihrem Vorgesetzten, der Serviceabteilung, dem Controller oder der Leistungsabteilung. Sie unterbrechen das Gespräch und telefonieren direkt mit dem avisierten Teilnehmer. Natürlich kennen Sie das Ergebnis, Sie wissen, es wird keinen Nachlass geben. Das Spiel hat begonnen. Sie lassen sich bestätigen, dass der Preis aktuell ist, machen dabei ein betrübliches Gesicht und wiederholen das Gespräch vor den Kunden, mit dem Ergebnis der Ablehnung. Der Tenor ist: Auch eine unabhängige weitere Person bestätigt meine Angaben: Es kann keinen – weiteren – Preisnachlass geben.

Ein große Handelskette spielt dieses Spiel mit den Computern in den Verkaufsräumen. Auf Nachfrage der Kunden schaut der Verkäufer nochmals in seinen Computer, um die letzten Möglichkeiten zu prüfen. Der Kunde hat keine Möglichkeit, die Suchmaske auf dem Bildschirm zu sehen. Tatsächlich wird aber gar kein Programm aufgerufen, der Verkäufer simuliert, um anschließend abzulehnen. Kunden haben so das gute Gefühl, für sie wurde alles getan und eine augenscheinlich unabhängige Stelle bestätigt die Angaben des Verkäufers. Der Preisamateur beendet sein Spiel und zahlt den geforderten Preis. Meist hat er sich innerlich bereits für dieses Produkt entschieden. Vor seinem bildlichen Auge sieht er das gewählte Produkt bei sich zu Hause. Soll er jetzt wegen eventuell mehr zu sparender Euro das Geschäft verlassen und die Suche nochmals beginnen?

5. Die »Service«-Technik

- Welchen Service bietet Ihr Unternehmen dem Kunden?
- Ist es die Anlieferung?
- Ist es die persönliche Betreuung?
- Ist es eine Garantie?
- Ist es die Logistik?

Verkaufen Sie diesen Service als zusätzlichen Nutzen, der im Preis bereits inbegriffen ist. Das Ziel ist es, dass Kunden erkennen, wie viel zusätzlichen Nutzen zu dem eigentlichen Produkt/der Dienstleistung er erhält, ergo dass der Preis gerechtfertigt ist.

6. Die »Wert«-Technik

Stellen Sie sich diese Situation vor: Sie haben ein langes und gutes Gespräch mit Ihrem Kunden geführt. Vielleicht sind bereits weitere Gespräche im Vorfeld geführt worden. Alles ist geklärt, es geht nur noch um den Preis. Ihr Kunde hat mindestens ein günstigeres Angebot vorliegen. In diesem Beispiel geht es um Versandgüter:

»Einmal angenommen, ich würde auf Ihre Preisvorstellung eingehen: Wo würden Sie kaufen?«

»Nun, dann würde ich bei Ihnen kaufen.«

»Gut. Aus welchen Gründen würden Sie bei mir kaufen?«

»Ihre Firma ist ein zuverlässiger Partner. Gerade bei den Auslandssendungen sind Sie sehr zuverlässig.«

»Sehr schön. Das freut mich zu hören. Wie viel ist Ihnen unsere Zuverlässigkeit wert?«

Lassen Sie Ihren Kunden die Vorteile Ihrer Firma nennen. Gerade was ihm wichtig ist und er gegebenenfalls so bei anderen Partnern nicht findet, das kann genau den Preisunterschied ausmachen. Es wird also nicht mehr vordergründig über den Preis verhandelt, sondern durch Ihre Fragen veranlassen Sie den Kunden, sich auf die Leistungen zu besinnen. Der Preisamateur ist beeindruckt. Die Preisdrücker lassen sich nicht beeindrucken, sie machen weiter. Sie auch!

Sie kennen die Situation: Ein Abschluss droht zu scheitern. Sie wollen und müssen Kunden entgegenkommen. Besser den Spatz in der Hand als die Taube auf dem Dach.

Aber geben Sie nicht alles, was Sie haben. Machen Sie nur kleine Zugeständnisse. Testen Sie, wie weit Ihr Kunde mit Ihnen geht.

7. Die »Groß – Klein«-Technik

Ein einfaches Beispiel:

Ihr Kunde fordert von Ihnen 5 Prozent. Diese 5 Prozent seien umgerechnet 500 Euro.

Sie gehen darauf nicht weiter ein, sondern kontern mit einem Gegenvorschlag: »Machen wir es so: 300 Euro kommen ich Ihnen entgegen und dafür machen wir den Vertrag jetzt perfekt. Einverstanden?« Diese 300 Euro sind 3 Prozent.

Eine Prozentzahl ist klein und abstrakt, eine konkrete Summe ist groß und vorstellbar. Kunden rechnen schneller um, wie diese konkrete Summe einsetzbar ist. Je größer der Preis ist, umso schwerer fällt es Menschen, die genaue Prozentzahl auszurechnen. Rechnen Sie doch einfach mal aus dem Stegreif 6,25 Prozent von 5867 Euro aus. Und wenn Ihnen Ihr Kunde auf den Kopf zusagt, dass die von Ihnen genannte Summe nicht seinen Preisnachlassvorstellungen entspricht? Reagieren Sie gelassen: »Das stimmt. Da haben Sie Recht. Aber mehr ist wirklich nicht zu machen!« Warten Sie ab, wie der Kunde reagiert. Und falls die Preisverhandlungen weitergeführt werden, hier weitere hilfreiche Techniken:

8. Die »Gutschein«-Technik

Sie bieten einen Extrabonus an in Form von Sachleistungen oder Dienstleistungen. Der Phantasie sind keine Grenzen gesetzt. Prämien, Gutscheine, Präsente, Bonuspunkte oder Kundenkarten. Kleine Geschenke und Aufmerksamkeiten erhalten die Freundschaft.

9. Die »2. Gesicht«-Technik

Das Gespräch ist festgefahren. Beide Seiten können oder wollen sich nicht mehr bewegen. Sie holen bzw. rufen Ihren Vorgesetzten an und schildern vor den Kunden sachlich und ohne Wertung die Situation. Ihr Verkaufsleiter wendet sich an den Kunden bzw. Sie reichen das Telefon weiter.

1. Möglichkeit: Es gibt einen Bonus
Ihr Vorgesetzter gibt einen weiteren Preisnachlass, um das Geschäft abzuschließen. Der Kunde ist zufrieden, da er sieht, dass es keinen weiteren Gesprächspartner gibt, mit dem weiter zu verhandeln wäre. Er hat das gute Gefühl, das Maximum verhandelt zu haben.

2. Möglichkeit: Eine Überraschung für den Kunden
Folgender Dialog:

Verkaufsleiter:	»Schön, Herr Kunde, es geht also nur noch um den Preis?«
Kunde:	»Ja.«
Verkaufsleiter:	»Gut, da kann ich Sie nur beglückwünschen. Sie haben gut verhandelt. Mein Kollege hat Ihnen bereits einen Preis genannt, der nicht mehr zu unterschreiten ist. Mehr kann ich auch nicht geben. Das Ende der Fahnenstange ist erreicht. Ich empfehle Ihnen einzuschlagen: Dieses Angebot kann nur für Sie und jetzt gelten.«

Eine zweite, scheinbar unabhängige Person, zudem noch der Vorgesetzte, bestätigt Ihren Preis. Was gibt es jetzt noch zu verhandeln, da der Kunde die Aussage ein zweites Mal objektiv zur Kenntnis nehmen muss?

Wichtig ist: Haben Sie immer mehrere Techniken im Gespräch parat. Mit jeder Technik bauen Sie eine Hürde auf. Die erste Hürde überspringen Kunden in aller Regel. Bei der zweiten wird es bereits schwieriger und bei weiteren endet irgendwann der Wille. Ihre Kunden sind ermüdet durch Ihr ständiges freundliches und bestimmtes »Nein«.

Es ist wie beim Hürdenlauf. Die ersten Meter nehmen die Läufer elegant und ohne Mühen. Aber je länger das Rennen dauert, umso größer ist die Gefahr eines Sturzes.

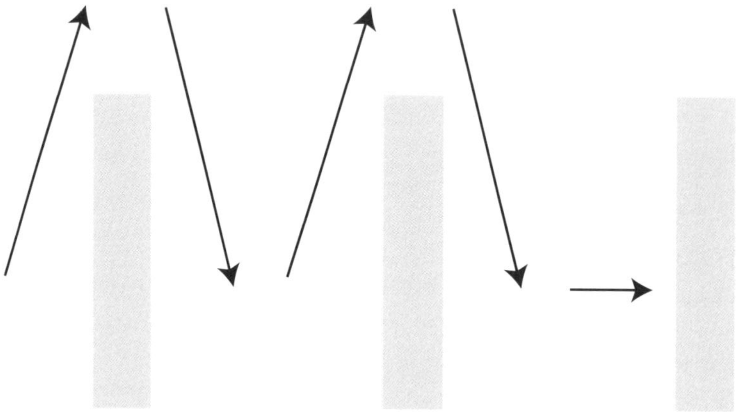

10 Grundüberlegungen zu Preisgesprächen

1. Die Frage nach einem besseren Preis ist legitim.
2. Viele Kunden sind Preisamateure.
3. Bleiben Sie gelassen – Preisgespräche gehören zu einem Verkaufsgespräch dazu.
4. Der Kunde, der nach einem Preis fragt, wird kaufen – warum nicht bei Ihnen?
5. Sie sind in der stärkeren Position – schließlich will der Kunde kaufen.
6. Achten Sie auf Ihre Körpersprache – zeigen Sie keine Unsicherheiten.
7. Verkaufen Sie nicht den Preis, sondern den Nutzen.
8. Verhalten Sie sich so, als sei es völlig natürlich, dass der Kunde heute bei Ihnen kauft.
9. Aggressive Kunden argumentieren häufig unsachlich – aus einem Gefühl der Unsicherheit heraus.
10. Nicht der Preis ist entscheidend, sondern das Preis-Leistungs-Verhältnis.

Prüfen Sie sich:

- Glauben Sie, dass die Frage »Warum kaufen Sie nicht?« potenzielle Kunden verschreckt?
- Fragen Sie regelmäßig nach einem besseren Preis?
- Können Sie sich vorstellen, »Nein« zu sagen?
- Wissen Sie immer Bescheid, was Kunden meinen, wenn sie sagen: »Ich überlege es mir noch einmal« und mit ähnlichen Aussagen reagieren?
- Stresst Sie das Preisgefeilsche?
- Können Sie aktiv zuhören?
- Unterbrechen Sie schnell einen Redner?
- Behalten Sie einen weiteren Nutzen als Reserveargument zurück?
- Können Sie Preisamateure von Preisdrückern unterscheiden?

6. Baustein: Das Abschlussgespräch

Kennen Sie diese Situation aus Ihren Verkaufsgesprächen? Alles ist aus Ihrer Sicht gesagt worden, auch Ihrem Kunden fällt nichts mehr ein. Ein eher unangenehmes Schweigen entsteht. Leichte Nervosität macht sich bei Ihnen bemerkbar. Sie fragen sich: Was kann ich jetzt noch anfügen? Genau: Die Produktionsstätte Ihrer Firma wird im kommenden Jahr erweitert, das könnte ich jetzt noch erwähnen – oder ähnliche Punkte, die mit dem Gespräch genau genommen nichts zu tun haben. Z. B., dass die Ventile auch in einer 1,25-Zoll-Fassung zu erhalten sind, die Schrankwand auch in Birke natur zu kaufen ist oder die Stärke des Materials variabel zu bestellen ist.

Verkäufer reden weiter und weiter, bis ihr Fundus an Produktwissen endgültig erschöpft ist. Insgeheim warten sie darauf, dass Kunden sagen: »Schluss jetzt, ich kaufe.« Aber viele Kunden tun Ihnen diesen Gefallen nicht. Oder sie reagieren auf die vielen Alternativen mit dem Satz: »Ich muss mir das alles noch einmal durch den Kopf gehen lassen. Sie haben mir so viele Details aufgezeigt, dass ich mich jetzt wirklich nicht entscheiden kann.«

Pech gehabt, denn ein Abschluss ist nicht zustande gekommen. Muss das wirklich so sein? Welche wirksamen Alternativen gibt es? Wenn aus Ihrer Sicht alles gesagt wurde, also die für Kunden wichtigen Punkte geklärt wurden, warum fragen Sie dann nicht, ob sie heute zum Abschluss kommen?

Auf diese Frage antworten mir in meinen Seminaren viele Verkäufer immer wieder mit: »Das geht nicht.«, »Das ist zu aggressiv.«, »Das macht man nicht, man lässt den Kunden entscheiden.«, »Kunden fühlen sich bedrängt, über den Tisch gezogen.«, »Wenn man so hart vorgeht, ist das Stornieren des Auftrages vorprogrammiert.«, »Kunden mögen es nicht, derart vor eine Alternative gestellt zu werden.« usw.

Wenn keiner der beiden das Gespräch beendet, gibt es keinen Abschluss. Dann war es nur ein nettes, unverbindliches Gespräch, getreu dem Motto: »Gut, dass wir mal darüber gesprochen haben.« Dann hat es die Qualität eines Gespräches über das Wetter: »Schönes Wetter heute, nicht?« – »Ja, wirklich, es soll ja auch so bleiben.« – »Ja, habe ich auch gehört.« Engländer beherrschen den Smalltalk wunderbar: »The weather is nice, isn't it?« – »Yes, indeed, it is very nice, isn't it?« – »Yes, wonderful, the weather is wonderful, isn't it?« »Oh really, ...« usw.

Das kann stundenlang gehen und beide fühlen sich prima dabei. Es bleibt ein unverbindliches Gespräch ohne Ziel. Ihre Gespräche dagegen haben ein klares Ziel: Am Ende soll die Unterschrift des Kunden unter einem Vertrag stehen. Letztlich verdienen Sie nur damit Ihr Gehalt.

Kunden wollen kaufen – und Sie wollen verkaufen. Insgeheim erwarten Kunden, dass Sie nach dem Abschluss fragen. Wenn Sie es nicht machen, welche Veranlassung haben Kunden, danach zu fragen?

Wenn Sie es nicht machen, fragt ein anderer Verkäufer, eben die Konkurrenz. Es ist wie im Sport: Nur wer die entscheidenden Punkte macht, die Tore schießt oder wirft, wird gewinnen und weiterkommen. Mit einem Unentschieden ist niemandem gedient und die Zuschauer sind auch nicht zufrieden.

Aus diesem Grund kann es in jedem Ihrer Verkaufsgespräche nur so sein, dass Sie den Abschluss aktiv herbeiführen. Wenn aus Ihrer Sicht alles gesagt worden ist, Sie das Gefühl haben, alle wesentlichen Punkte sind zur Zufriedenheit der Kunden besprochen worden, dann machen Sie sprichwörtlich den Punkt und fragen nach der Unterschrift. Einer muss es machen und das sind nun einmal Sie.

Ein Beispiel: Sie hören einem Vortrag zu. Der Redner spricht Ihnen zu diesem Thema aus der Seele, er hat Ihr volles Verständnis. Aber er scheint keinen Schluss zu finden, erste Wiederholungen schleichen sich ein. Nach einer gewissen Zeit merken Sie, dass Sie unruhig werden. Sie rutschen auf Ihren Stuhl unruhig hin und her und denken bei sich: »Nun kann er langsam zum Ende kommen. Hör bitte auf.« Nach weiteren Minuten erlahmt Ihre Aufmerksamkeit. Auf die Rede angesprochen, sind Sie nicht mehr so begeistert wie zu Beginn. Der Redner hat es überzogen.

Woran können Sie erkennen, dass Kunden abschlussbereit sind?

Achten Sie auf die Kaufsignale der Kunden!

1. Kunden äußern ihre Fragen und Wünsche verbal.
   Fragen, die in die Zukunft gerichtet sind:
   - »Gibt es eine Nachkaufgarantie?«
   - »Welches Zubehör kann ich kaufen?«
   - »Welchen Rabatt gewähren Sie?«
   - »Welche Finanzierungsmöglichkeiten gibt es?«
   - »Welche Wartungseinheiten hat die Maschine?«
   - »In welchen weiteren Ausstattungen ist das Produkt erhältlich?«
   - »Was passiert, wenn ...?«
   - »Wann können Sie liefern?«
   - »Wann beginnt der Versicherungsschutz?«
   - Frage an die weiteren Zuhörer: »Welche Fragen haben Sie noch dazu?«

   Kunden äußern einen Kaufwunsch:
   - »Wir möchten den Tarif xy.«
   - »Gut, dann machen wir es so.«
   - »Wir brauchen die Anlage in der ersten Maiwoche.«
   - »Ja, das ist gut so.«
   - »Genau so wollen wir es haben.«
2. Kunden zeigen ihre Zustimmung nonverbal.
   - wiederholtes Nicken
   - Unterlagen in die Hände nehmen und sich damit beschäftigen
   - Blickkontakt zum Partner mit der unausgesprochenen Frage: Was meinst du dazu?
   - sich intensiv mit dem Produkt beschäftigen

Registrieren Sie solche Verhaltensweisen, bringen Sie Ihren Satz zu Ende und fragen nach dem Abschluss. Auch hier gilt wieder, entscheidend ist nicht, was Sie sagen, sondern wie Sie es sagen.

Generell gilt: Handeln Sie während des gesamten Gespräches so, als ob es völlig natürlich ist, dass es heute zu einem Abschluss kommt. Zeigen Sie gerade zum Schluss eines Gespräches keine Unsicherheiten. Aus Ihrer Sicht darf es keinen Zweifel geben, dass heute unterschrieben wird. Je sicherer Sie auftreten, desto sicherer ist Ihr Kunde in seiner Entscheidung. Agieren Sie unsicher, wieso sollten Kunden mit Sicherheit reagieren? Ihre mögliche Unsicherheit verunsichert die Kunden ebenfalls.

Abschlusstechniken

Vergleichen Sie die folgenden Abschlusstechniken und wählen Sie sich zwei bis drei Techniken aus, die Ihnen persönlich liegen.

1. Die »direkte« Aufforderung

»Gut, dann halten wir das so fest.«
»Schön, dann lassen Sie uns den Vertrag fertig machen.«
»Dann schreiben wir es so auf und Sie, Herr Kunde, bestätigen bitte die Richtigkeit der Angaben.«

2. Die »direkte« Abschlussfrage

Fragen Sie direkt nach:
»Wann wollen Sie die Anlage geliefert haben?«
»Sie nehmen das Modell ›OP 150‹?«
»Wie wollen Sie die Rechnung begleichen?«

Diese Techniken sind Ihnen zu direkt, zu aggressiv? Schön, probieren Sie es hiermit:

3. Die »indirekte« Abschlussfrage

»Gut, Herr Kunde, welche weiteren Punkte sollten wir noch besprechen?«
»Schön, Herr Kunde, gibt es weitere Details, die wir besprechen sollten?«
»Frau Kundin, sind irgendwelche Fragen offen geblieben?«

Antwortet der Kunde mit Nein, dann ...
»Gut, dann lassen Sie uns zum Ende kommen.«
»Klasse, dann machen wir den Vertrag perfekt.«

In diesem Fall klären Sie eingangs ab, ob Punkte offen geblieben sind. Falls nicht, steht einem Abschluss nichts mehr im Wege. Falls doch, fragen Sie nach, welche Punkte das sind und das Spiel beginnt von vorne.

4. Die »Alternativ«-Technik

»Welche Ausführung gefällt Ihnen besser? A oder B?«
»Möchten Sie per Nachnahme bezahlen oder den Betrag überweisen?«
»Sollen wir es Ihnen anliefern oder holen Sie es persönlich ab?«
»Nehmen Sie Ihr Steak medium oder englisch?«

Sie zeigen Alternativen auf und Kunden entscheiden sich. In aller Regel kann es Ihnen egal sein, für welche Möglichkeit er sich entscheidet, Hauptsache, es wird entschieden.

Ein unbegabter Verkäufer in einem Restaurant, ein Kellner, fragt beim Abräumen: »Darf es noch ein Kaffee sein?« Das ist eine geschlossenen Frage, die oftmals mit einer Ablehnung quittiert wird. Besser ist es: »Möchten Sie noch einen Cappuccino oder einen Espresso?«

Folgende Geschichte wird einem Konditor aus Hamburg nachgesagt. Er stellte fest, dass der Absatz an Sahne rapide gesunken war. Im Verkaufsraum hörte er seine Verkäuferin fragen: »Darf es noch Sahne dazu sein?« Viele Kunden verneinten. Der Konditor bat sie, die Frage anders zu formulieren: »Möchten Sie eine kleine Portion Sahne oder lieber eine große Portion Sahne?« Vor diese Alternative gestellt, entschieden sich mehr Kunden für Sahne. Ein lohnendes Zusatzgeschäft.

Stellen Sie die Alternative, die Ihnen persönlich lieber ist, an die zweite Stelle und verstärken Sie sie mit dem Zusatz »lieber«.

5. Der »Druck des Schweigens«

Alles ist gesagt worden. Ihnen fällt nichts mehr ein, was von zusätzlichem Nutzen sein könnte. Sie beginnen das Abschlussgespräch mit einer einleitenden Frage: »Schön, Herr Kunde, das war es dann wohl?!« Ihr Kunde reagiert nicht, sondern beschäftigt sich mit dem Produkt, der Planung, den Unterlagen usw. Kein Wort wird gewechselt, es herrscht Schweigen im Raum. Was passiert in dieser Situation? Der Kunde konzentriert sich jetzt auf die Fakten und überlegt sich, ob er tatsächlich Ihren Vorschlag dergestalt umgesetzt sehen will.

- Will ich das Auto so, wie es beschrieben worden ist?
- Ist die Vorsorge so ausreichend?
- Erfüllt die Telefonanlage die Bedürfnisse?
- Erreicht die Produktionsabteilung mit dieser Maschine die Vorgaben?

Viele Verkäufer halten diese Situation nicht aus. Sie fürchten die »Gesprächslosigkeit«, das Schweigen. Sie glauben, der Kunde überlegt sich, wie er elegant eine Ablehnung formulieren könnte. Aus lauter Angst, eine Abfuhr zu erhalten, reden Verkäufer weiter, zeigen mögliche Alternativen auf oder erzählen Belangloses. Das Ergebnis ist, dass der Kunde sich in seiner Konzentration gestört fühlt, seine Gedankengänge nicht zu Ende bringen kann und dann tatsächlich den beliebten Satz bringt: »Tja, ich fürchte, ich muss es mir noch einmal überlegen.« Aus und vorbei. Verloren.

Halten Sie das Schweigen. Bringen Sie keine neuen Aspekte, die den Kunden ablenken könnten. Ihr Kunde hat nur zwei Möglichkeiten: Entweder er stimmt zu oder er lehnt ab. Im Falle der Zustimmung: Herzlichen Glückwunsch, der Abschluss ist Ihrer. Im Falle der Ablehnung: Fragen Sie nach, welche Bedenken der Kunde noch hat. »Schön, Herr Kunde, was ist noch offen geblieben?«, »Okay, welche Punkte sind nicht zu Ihrer Zufriedenheit erklärt worden?« oder »Gut, was lässt Sie zaudern?«

Verfahren Sie hier, wie in »Professionell nachgefragt«.

6. Die Technik »Zusammenfassen«

Diese Technik eignet sich besonders gut nach langen und schwierigen Gesprächen. Gespräche, in denen viele Details erklärt wurden, komplizierte Sachverhalte diskutiert worden sind. Da kann es vorkommen, dass der rote Faden verloren gegangen ist. Besonders in Gesprächen, in denen der Kunde nur wenige Kenntnisse von der Materie hat. Fassen Sie daher zum Ende der Unterhaltung nochmals die wesentlichen Fakten zusammen, um die Nebensächlichkeiten auszublenden. Es wäre schade, wenn der Vertrag nicht zustande kommt, weil sich der Kunde an unerheblichen Details aufzieht. Fassen Sie das Gesagte zusammen, um die für den Kunden wichtigen Aspekte zu fokussieren. Welche sind das? Es sind genau die Punkte, die Ihnen Ihr Kunde zu Beginn des Gespräches genannt hat.

»Schön, Frau Kundin, welche Fragen sind jetzt noch offen? Keine? Gut, ich fasse noch einmal zusammen: Ihnen ist wichtig, die Bedienungsfreundlichkeit der Anlage bzw. die Vereinheitlichung für alle Bediener und eine monatliche

Kostenersparnis und die Unterstützung unserer Serviceabteilung. Mit unserem Programm erreichen Sie diese Punkte. Ihre Vorteile sind ...! Zu wann soll das Programm bei Ihnen installiert werden?«

7. Die »3 Punkte«-Technik

Sie kennen die Situation: Ein Kunde kann sich nicht entscheiden. Er druckst rum und versucht, das Gespräch zu beenden: »Wir wissen es einfach nicht. Wir schauen weiter und kommen auf Sie zurück.«

Die Reaktion eines Verkäufers, z. B. im Reisebüro, auf diese Situation könnte lauten:

»Schön, bei der Vielzahl der Angebote ist es wirklich schwer, sich zu entscheiden. Eine Frage habe ich noch: Die Lage des Hotels in der Nähe des Strandes ist Ihnen wichtig?« – »Ja.« – »Und Sie erwarten einen All-inclusive-Service?« – »Ja, das ist wichtig.« – »Schön. Und Ihnen gefallen die ausgesuchten Ausflüge, die bereits im Preis inbegriffen sind?« – »Sehr gut sogar.« – »Tja, dann lassen Sie uns Ihre Reise heute perfekt machen. Übrigens sind heute 20 Grad auf Mallorca, die Mandelbaumblüte erstrahlt gerade in diesen Tagen. Eine wunderschöne Zeit. Wann genau wollen Sie fliegen?«

Sie fragen die wichtigsten Punkte nochmals ab und lassen sich diese von dem Kunden bestätigen. Es reift die Erkenntnis, dass diese Reise in der Tat das verspricht, was sich der Kunde vorgestellt hat. Es gibt also keinen Grund, noch zu zögern. Sie führen den Abschluss aktiv herbei.

Nun mag es trotzdem sein, dass der Kunde sich nicht entscheiden kann – das berühmte »Sichwinden«, keine Entscheidung finden können. Ist das für Sie ein Problem? Mitnichten! Sie verlassen den Baustein »Abschlussgespräch« und kehren zurück zu dem Baustein »Professionell nachgefragt«.

Fragen Sie nach, warum sich Ihr Gegenüber nicht entscheiden kann. Gehen Sie davon aus, dass in Ihrem Gespräch nicht alle Fakten zur Zufriedenheit des Kunden besprochen worden sind. Es ist normal und üblich, dass Verkäufer etwas übersehen oder Details nicht ausführlich genug besprochen haben. Fragen Sie danach. Hören Sie zu, welche Punkte noch nicht überzeugend geklärt wurden. Zeigen Sie weiteren Nutzen auf und erkennen Sie die Zustimmung der Kunden. Dann zurück zur Ebene »Abschlussgespräch«, das bedeutet, Sie fragen wieder nach einem Abschluss. Verneint der Kunde wiederum, wiederholen Sie Ihr Spiel erneut.

Abschlussfrage – Verneinung – Nachfrage – Nutzendarstellung – Abschlussfrage:

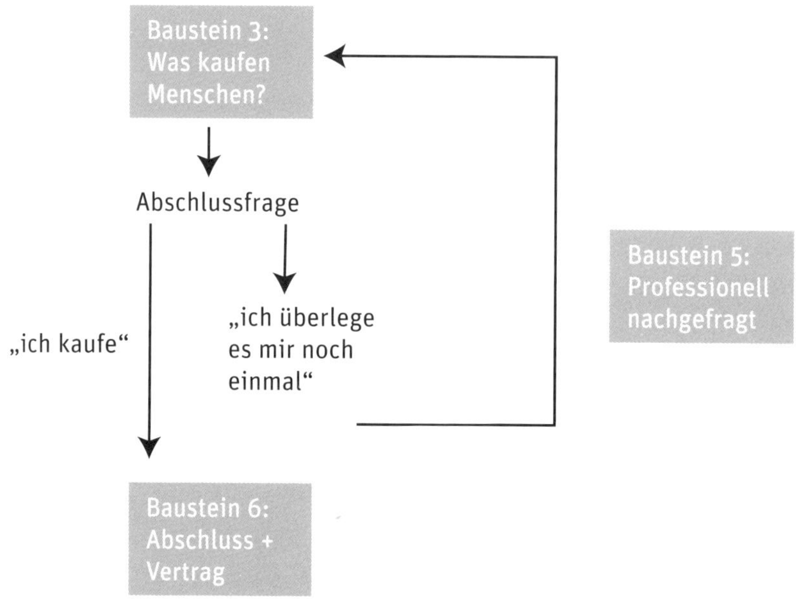

Kunden mit Kaufinteressen verschließen sich nicht und Sie erhalten die Unterschrift.

Und danach?

Kaufreue vorbeugen

Sichern Sie den Auftrag ab und versuchen Sie, einer möglichen Kaufreue vorzubeugen.

Kennen Sie das? Sie haben sich ein neues Handy gekauft und präsentieren es stolz Ihren Freunden. Gleich der Erste kritisiert den Kauf und stellt das Handy als veraltet da. Wie fühlen Sie sich und wie betrachten Sie Ihr neu erworbenes Handy nun? Die Begeisterung ist verflogen und der Verkäufer und das Unternehmen stehen wahrscheinlich in einem schlechten Licht da. Schlechtestenfalls werden Sie das Geschäft nicht mehr betreten.

Beugen Sie dem als Verkäufer vor, indem Sie zum Schluss eines Gespräches nochmals den einen und anderen Nutzen argumentativ strapazieren. Je besser Kunden Ihre persönlichen Vorteile kennen, umso besser sind sie gefeit gegen mögliche Nörgler, die oftmals in Unkenntnis der Vorteile kritisieren. Sie geben Ihren Kunden Argumente in die Hand, die sie wiederum weitererzählen und ihrerseits Kritiker so überzeugen können.

Weiterhin sprechen Sie nicht nur Vorteile an, sondern sprechen Sie auch die Motive an.

Ein Beispiel: Bei einer guten Freundin von mir läuft nach einem Shopping jedes Mal das gleiche Spiel ab:

»Schau mal, mein neues Kostüm. Ich habe doch nächste Woche die Präsentation vor den Bereichsleitern, da wollte ich was Passendes anziehen. Wie gefällt es dir?«

Ihr Ehemann hat jetzt die Macht: Daumen rauf oder runter. Gefällt es ihm nicht, können Sie sicher sein, dass das Kostüm umgetauscht wird. Die Bestätigung, dass der Kauf richtig war, das Kostüm gut aussieht, die Freundin vorteilhaft aussieht etc., ist ausgeblieben. Das Kostüm, eben noch toll, hat nun an Wert verloren.

Kunden wollen nach einem Kauf die Bestätigung, dass sie die richtige Entscheidung getroffen haben. Gestalten Sie einen Abschluss positiv. Der erste Eindruck ist entscheidend für die Gesprächsatmosphäre – der letzte Eindruck bleibt haften. Sind Ihre Kunden restlos zufrieden, bleiben Sie so in Erinnerung. Für ein mögliches künftiges Gespräch die ideale Ausgangssituation, um weitere und zusätzliche Geschäfte abzuschließen. So, wie Sie sich verabschieden, so empfängt der Kunde Sie zum nächsten Besuch bzw. zum nächsten Gespräch.

Prüfen Sie sich:

- Führen Sie in Ihren Gesprächen Abschlüsse aktiv herbei?
- Meinen Sie, dass es besser ist, zu warten, bis der Kunde eine Kaufentscheidung trifft?
- Womit verdienen Sie Ihr Geld?
- Bestätigen Sie Ihren Kunden zum Abschluss?
- Was ist Ihre liebste Abschlusstechnik?
- Welche weiteren Techniken kennen Sie?
- Glauben Sie, dass ein Gesprächsende gefunden werden muss?
- Können Sie schweigen?

7. Baustein: Das telefonische Nachgespräch

Heute keinen Abschluss? Trotz eines guten Gespräches müssen Sie konstatieren, dass Ihr Kunde heute nicht abschließen will. Aus Ihrer Sicht haben Sie alles richtig gemacht und dennoch, der Kunde kann sich nicht entscheiden. Eine Situation, die häufiger eintritt als vielen Verkäufern lieb ist und die leider zum täglichen Geschäft gehört. Aber: Sind Sie damit wirklich aus dem Rennen? Nein, Ihr Kunde benötigt lediglich eine weitere Bedenkzeit. Vielleicht gibt es weitere Angebote, die einander gegenübergestellt und geprüft werden müssen. Viele Menschen können sich nicht spontan entscheiden und benötigen in der Tat die berühmte Nacht zum Überlegen. Das ist völlig legitim und nicht unbedingt ein Vorwand, um das Gespräch zu beenden.

Allerdings haben Sie das Gespräch endgültig verloren, wenn Sie sich nicht mehr melden und darauf hoffen, dass der Kunde bei Bedarf auf Sie zurückkommt. Das bedeutet warten auf Godot und der kam bekanntlich auch nie. Falls Sie die Telefonnummer Ihres Kunden nicht haben, erfragen Sie diese. Kündigen Sie Ihren Anruf an. Sagen Sie frei heraus, dass für Sie das Gespräch nicht abgeschlossen ist, sondern dass Sie am Ball bleiben. Genau wie Ihr Kunde sich Gedanken machen wird, werden Sie sich Gedanken machen, wie Sie zu einem für beide Seiten zufrieden stellenden Abschluss kommen können.

Rufen Sie eine kurze Zeit (2–3 Tage) später Ihren Kunden an. Überlegen Sie sich, welchen konkreten Grund Ihr Anruf für den Kunden haben kann. Die übliche Floskel »Ich wollte mal hören, wie weit Ihre Entscheidung ist« hilft nicht weiter. Kunden reagieren eher verschlossen, zumal Sie garantiert zum falschen Moment anrufen und der Kunde sich gerade keine Gedanken über das letzte Gespräch macht. Eine Ablehnung ist prädestiniert. »Wir sind noch in Überlegungen. Wir rufen Sie wieder an. Bitte rufen Sie nicht wieder an. Wir kommen auf Sie zu.« Ihrerseits ist die Floskel nett und ehrlich gemeint, aber für die Zukunft wird es schwierig, diesen Kunden wieder zu kontaktieren, ohne ihn zu reizen.

Überlegen Sie sich konkrete Gründe Ihres Anrufes

Wecken Sie das Interesse Ihres Kunden. Lassen Sie sich Gründe einfallen, die die Bereitschaft, Ihnen zu zuhören, bei Ihrem Kunden steigert. Zuvor werten Sie den Kunden auf. Sagen Sie etwas Freundliches im Sinne des Motivs »Anerkennung«:
»Schön, dass Sie gleich persönlich am Apparat sind.«

»Frau Kundin, genau Sie wollte ich sprechen.«
»Herr Kunde persönlich? Sehr gut.«
»Schön, dass ich Sie erreiche.«

Welche möglichen Gründe gibt es?

1. Etwas Neues ankündigen

In Ihrem ersten Gespräch haben Sie vielleicht einen Punkt übersehen oder eine nicht gebührende Wirkung zukommen lassen. Sprechen Sie diesen nochmals an, um sicher zu sein, dass er auch wirklich präsent ist.

Vielleicht gibt es tatsächlich einen neuen Aspekt, der Ihnen zum Zeitpunkt des ersten Gespräches nicht bewusst gewesen ist: neue Preise, eine andere Verarbeitungsmöglichkeit, neue Materialien, andere Termine, geringfügige Alternativen etc. Das sollten Ihre Kunden wissen.

2. Versprochene Informationen nachreichen

Sie versprechen, weitere Informationen zu sammeln und nachzureichen. Das können zum Beispiel Prospekte sein, andere Stoffe oder Materialien und ebenfalls eine genaue Zusammenstellung aller Fakten zu einem Angebot sowie weitere Planungen, Skizzen etc. Kurze Zeit später telefonieren Sie nach, ob die Unterlagen angekommen sind. Das ist Ihr Gesprächsgrund.

3. »Service eines Unternehmens« erfragen

In letzter Zeit führen Autohäuser eine telefonische Befragung ihrer Kunden durch. In einem kurzen Gespräch werden wenige Punkte abgefragt, um festzustellen, wie aktuelle Kunden den Service empfanden. Nutzen Sie dieses Instrument ebenfalls. Bitten Sie einen Kollegen, bei Ihrem aktuellen Kunden anzurufen.

Das Gespräch kann folgendermaßen verlaufen:

Kollege: »Schönen guten Tag Herr Kunde. Hier spricht Bond, James Bond von der Firma XY. Schön, dass Sie gleich persönlich am Apparat sind. Herr Kunde, unsere Firma führt zurzeit eine Qualitätsoffensive durch. Wir wollen, dass unsere Kunden mit den Verkaufsgesprächen unserer Außendienstmitarbeiter zufrieden sind. Haben Sie zwei Minuten für diese kurze Umfrage Zeit?«

Kunde: »Gut, wenn es schnell geht.«

Kollege: »Vor zwei Tagen war Herr Verkäufer bei Ihnen. Wie empfanden Sie die Gesprächsatmosphäre?«

Kunde: »Sehr nett, alles war so weit gut.«

Kollege: »Wie würden Sie das Fachwissen einschätzen?«

Kunde: »Er war umfassend informiert. Gut.«

Kollege: »War Herr Verkäufer pünktlich?«

Kunde: »Ja.«

Kollege: »Sind alle Fragen zu Ihrer Zufriedenheit besprochen worden?«

Kunde: »Ja, es sind keine Fragen offen geblieben.«

Kollege: »Sehr schön, das freut uns, vielen Dank für Ihre Angaben. Ich sehe gerade, dass das Angebot noch in der Schwebe ist. Herr Kunde, wir wollen Sie als unseren Kunden gewinnen: Welche Punkte können wir jetzt für Sie klären, damit wir zueinander kommen können?«

Die Umfrage ist vordergründig. Stellen Sie wenige Fragen, um schließlich auf den konkreten Grund Ihres Anrufes zu kommen. Zum einen erhalten Sie ein Feed-back des Gespräches. Der Vorteil ist, dass Sie so erkennen können, woran Sie möglicherweise noch arbeiten sollten oder was Sie noch verbessern können. Zum anderen, und das ist der wichtige Aspekt, erfahren Sie, ob Ihr Angebot noch aktuell ist bzw. in welchem Stadium der Entscheidungsfindung der Kunde sich befindet. Sie verschaffen sich neue und weitere Einflusschancen.

4. Die Nutzendarstellung

Im Kapitel »Was kaufen Menschen?« haben Sie bereits gelesen, dass Sie Kunden nur über Vorteile und Nutzendarstellung begeistern können. In einem Telefongespräch greift das gleiche Prinzip. Zählen Sie nach der Nennung der Gründe Ihres Anrufes die Vorteile aus Ihrem neuen Vorschlag auf. Verbinden Sie diese mit den bereits bekannten Vorteilen. Ihr Plus ist, dass Sie sich in Erinnerung rufen, Kunden nochmals nutzenorientiert ansprechen können und sich Ihre Chancen auf einen Abschluss erhöhen.

Bleiben Sie im Gespräch, um genau zu wissen, was der Stand der Entwicklung ist. Fragen Sie offensiv nach, ob Sie noch Informationen nachreichen können. Verschaffen Sie aus dem Interesse weiteren Nutzen, um Kunden Ihr Angebot vorteilhafter wirken zu lassen.

Wer von Ihnen einmal den Hamburger Fischmarkt besucht hat, ist wahrscheinlich vor »Aal-Dieter« stehen geblieben. Wie verkauft dieser Mann seinen Fisch so erfolgreich, dass er ein erfolgreicher Geschäftsmann ist? Sinngemäß verläuft sein Verkaufsgespräch so:

»Aal-Dieter«: »So Leute, kommt her, hierher, hier gibt es Fisch satt. Ein Bückling für 20 Euro. Wie bitte, zu teuer? Weil ihr es seid: Noch eine Flunder, einen Hering und die Scholle. Noch einen und noch einen. So viel Fisch für nur 20 Euro.«

Die Strategie ist, so viel Nutzen, also Fisch, aufzuzeigen, dass seine Kunden glauben, ein wirklich gutes Geschäft gemacht zu haben. Glauben Sie nun, dass dieser Verkäufer erfolgreich verkauft?

Also: Zeigen Sie den Nutzen auf. Kunden, die sich nicht entscheiden können, fehlt der konkrete Nutzen.

Und im Fall einer Ablehnung bringen Sie in Erfahrung, warum Sie nicht zueinander gekommen sind. War ein anderes Angebot besser als Ihres? Welche Gründe gab es dafür, dass es nicht zum Vertrag gekommen ist? Wann können Sie sich wieder melden, wenn das Angebot schwebend bleibt? Das hilft Ihnen, Ihr nächstes Angebot zu optimieren.

Prüfen Sie sich:

- Haben Sie alle relevanten Daten Ihrer Kunden?
- Wie oft telefonieren Sie Ihren Kunden nach?
- Glauben Sie, dass ein Nachfassen zu höheren Umsätzen führen kann?
- Finden Sie es unangebracht, Kunden wegen eines Auftrages anzurufen?
- Können Sie immer beschreiben, warum ein Auftrag nicht zustande gekommen ist?

8. Baustein: Das Reklamationsgespräch

Reklamationsgespräche machen selten Spaß. Zum einen, weil Verkäufer innerlich bereits mit dem Vorgang abgeschlossen haben. In einem solchen Gespräch, so scheint es, können sie nichts mehr gewinnen, geschweige denn verdienen. Zum anderen sind Kunden selten gut gelaunt. Die Emotionen kochen hoch und der Ärger ist vorprogrammiert.

Oftmals sind es Kleinigkeiten, an denen sich eine Beschwerde entzündet. Verrußte Zündkerzen lassen ein Auto schlechter laufen und erhöhen den Verbrauch. Eine kleine, beschädigte Schraube lässt ein ganzes Förderband still stehen. Nicht eingehaltene Termine lassen den Produktionsablauf stocken.

Warum reagieren viele Kunden verärgert? Aus einem einzigen Grund: Sie befürchten einen Verlust an Komfort! Erinnern Sie sich an die Frage: Was erwarten Kunden? Kunden wollen u. a. Komfort haben. Und mit dem scheint es in solchen Situationen vorbei zu sein. Sie haben einen unerwünschten Mehraufwand und sie befürchten, Zeit und Geld zu verlieren!

Oftmals fühlen Kunden sich ungerecht behandelt und argumentieren ebenfalls ungerecht. Sie kennen das aus eigener Erfahrung als Kunde. Dass eine Reklamation nötig wird, hat Sie bereits leicht verärgert. Sie rufen im betroffenen Unternehmen an, um dann zu hören, dass der Ansprechpartner gerade in einer Besprechung und nicht zu erreichen ist. Ein versprochener Rückruf bleibt aus. Sie nehmen sich einen Tag frei, um die erwartete Sendung in Empfang zu nehmen. Aber die kommt nicht und Sie werden noch nicht einmal informiert. Oder z. B. Ihr Notebook muss eingeschickt werden und die Reparatur soll 12 Wochen dauern. Wie Sie innerhalb dieser Zeit ohne Notebook zurechtkommen, bleibt Ihnen überlassen. Der telefonische Kundendienst hat zwar das Problem verstanden, kann Ihnen aber keine Lösung anbieten. Sie werden aufgefordert, sich woanders Unterstützung zu suchen.

Sie haben den Aufwand, empfinden das als ungerecht und sind enttäuscht. Zudem macht es keinen Spaß, sich um eine Sache zu kümmern, die den Tagesablauf behindert und eigentlich klappen sollte. Aus diesem Grund suchen Kunden ein Ventil, um ihren Ärger loszuwerden. Wer das ist, ist dem Kunden egal. Es kann auch Sie treffen.

Wie reagieren Sie?

Gerade im Falle einer Reklamation gilt: Behandle den Kunden nicht, wie er Sie behandelt, sondern behandeln Sie Ihren Kunden so, wie Sie behandelt werden möchten. Bleiben Sie, auch wenn es manchmal schwer fällt, ruhig und besonnen. Der Kunde meint nicht Sie persönlich, sondern er muss seinem Ärger Luft machen und Sie sind der erste Ansprechpartner. Verfahren Sie nach der Struktur, wie sie unter dem Punkt »Professionell nachgefragt« beschrieben wurde.

1. Lassen Sie den Kunden ausreden. Nehmen Sie ihn ernst. Setzen Sie Ihre Gestik in Vis-à-vis-Gesprächen bewusst ein.
2. Geben Sie ihm, wenn möglich, Recht. Falls nicht, komplimentieren Sie ihn mit einer neutralen Würdigung des Gesagten.
3. Fragen Sie konkret nach, was genau passiert ist.
4. Zeigen Sie Lösungen auf. Argumentieren Sie nicht problemorientiert, sondern lösungsorientiert. Oftmals ist das identisch mit einer Nutzenargumentation.

Speziell Punkt zwei wird von vielen Verkäufern zu wenig beachtet. Oftmals wird der Kunde verdächtigt, Fehler gemacht zu haben. »Ist denn der Stecker in der Dose?«

Mit solch einer versuchten Fehleranalyse verlassen Sie die Sachebene und wechseln auf die emotionale Ebene, wie im Kapitel »Die Grundlagen der Kommunikation« beschrieben. Jetzt unterhalten Sie sich nicht mehr über das eigentliche Problem, sondern streiten sich mit dem Kunden über seine technischen Qualifikationen. Sie mögen das Gespräch gewinnen, verlieren dabei aber womöglich einen Kunden.

Wenn Ihr Unternehmen einen Fehler gemacht hat, stehen Sie dazu. Wo viel gehobelt wird, fallen Späne. Das wird auch von Kunden nicht als Problem erkannt. Das Problem entsteht und wird zu einem Riesenproblem, wenn Sie einen Fehler, verursacht von Ihrem Unternehmen, negieren. Kunden wollen nicht wie ein lästiges Übel behandelt werden, sondern wollen einen Lösungsweg aufgezeigt bekommen.

Denken Sie zurück an die zuvor aufgezählten Kaufmotive, etwa das Motiv »Anerkennung«. Sie können eine Barriere aufbauen, indem Sie den Kunden verdächtigen. Besser ist es, den Kunden anzuerkennen. Anerkennung dafür, dass er sich gemeldet hat, Anerkennung dafür, dass er Ihnen die Chance gibt, mögliche Fehler auszumerzen, Anerkennung dafür, dass er Ihnen die Möglichkeit gibt, einen zufriedenen Kunden zu behalten. Geben Sie Kunden Recht:

»Da haben Sie Recht, Herr Kunde. Das darf nicht passieren. Wie genau macht sich die Störung bemerkbar?«

»Entschuldigen Sie. Das ist klar unser Fehler. Ich werde Folgendes veranlassen ...«

Benutzen Sie die neutrale Würdigung, speziell dann, wenn Sie nicht einschätzen können, ob die Reklamation wirklich auf einem Fehler beruht. Viele Kunden reklamieren Dinge, weil sie vielleicht nicht wissen, wie das erworbene Produkt behandelt werden muss.

Auch wenn der Kunde unrecht hat, ist es für eine zukünftige Geschäftsbeziehung wichtig, dass er nicht als Depp dasteht.

»Gut, dass Sie sich gleich gemeldet haben. Lassen Sie uns gemeinsam schauen, wie wir Ihnen helfen können. Her Kunde, was genau ist passiert?«

»Das ist richtig, dass Sie sich melden. Lassen Sie uns gemeinsam prüfen, wo der Fehler liegt: Was haben Sie zuerst gemacht?«

Das klingt allemal kundenorientierter, als wenn Sie fragen:
»Das haben wir noch nie gehört. Haben Sie auch alles richtig gemacht?«
»Bis jetzt hatten wir noch keine Beschwerden. Sind Sie sich sicher?«
»Das kann nicht sein. Bis jetzt sind alle unsere Kunden sehr zufrieden.«
»Das tut mir Leid. Da kann ich Ihnen auch nicht weiterhelfen. Schauen Sie noch einmal in die Anleitung rein.«
»Das glaube ich Ihnen zwar, aber das Produkt hat unser Werk in einem vollständigen Zustand verlassen.«
»Nun regen Sie sich mal nicht so auf. So schlimm ist es ja nun auch wieder nicht.«

Lassen Sie Ihren Kunden nicht im Regen stehen. Zeigen Sie Lösungen auf. Und wenn Sie nicht weiterhelfen können, seien Sie kulant. Kleine Geschenke erhalten die Freundschaft. Erkennen Sie das Problem, zeigen Sie Ihrem Kunden konkret die Lösungen auf. Sagen Sie ihm, was Sie zu veranlassen gedenken und bis wann die Lösung zu erwarten ist. Machen Sie sich in Vis-à-vis-Gesprächen Notizen. Das Prinzip der Schriftlichkeit besitzt einen höheren Glaubwürdigkeitsfaktor. Schon die Römer wussten: »Was in den Akten steht, ist in der Welt.« Wiederholen Sie, was Sie notiert haben, damit der Kunde erkennt, dass alles richtig verstanden worden ist.

Geben Sie, wenn es länger dauern sollte, einen Zwischenbescheid, damit Ihr Kunde informiert ist. Erarbeiten Sie sich einen festen Reklamationsablauf. Zum Beispiel nach der 24/48/30-Regel: Innerhalb von 24 Stunden bestätigen Sie den Eingang der Reklamation, innerhalb von 48 Stunden zeigen Sie Ihren Kunden Lösungen auf und innerhalb von 30 Tagen ist die Reklamation erledigt.

20 Tipps im Umgang mit Reklamationen

1. Fühlen Sie sich nicht persönlich angegriffen. Der Kunde meint selten Sie persönlich.
2. Suchen Sie nicht die Schuld beim Kunden, sondern suchen Sie die Ursache.
3. Überlegen Sie nicht als Erstes, wie Sie respektive Ihr Unternehmen aus der Sache ohne Blessuren rauskommen.
4. Hegen Sie keine Rachegedanken, falls die Schuld doch beim Kunden liegt. Falsche Triumphe hinterlassen ein schlechtes Gefühl – beim Kunden.
5. Kunden haben nicht immer Recht, aber es gibt ihnen ein gutes Gefühl, wenn sie Recht bekommen.
6. Betrachten Sie Reklamationen aus Sicht der Kunden. Es hilft, sie besser zu verstehen.
7. Nehmen Sie die Reklamationen ernst, auch wenn es Ihrer Meinung nach keine sind.
8. Hören Sie aktiv zu. Lassen Sie Kunden ausreden.
9. Bearbeiten Sie Reklamationen sofort.
10. Informieren Sie Ihren Kunden regelmäßig über den Stand der Dinge.
11. Bleiben Sie sachlich und ruhig. Gerade dann, wenn Ihr Kunde unsachlich und aufgeregt ist.
12. Machen Sie nur Zusagen, die Sie auch einhalten können. Voreilige Zusagen, um Kunden schnell zu beruhigen, die nicht einzuhalten sind, führen nur zu einer Verschärfung der Situation.
13. Kleine Geschenke erhalten die Freundschaft. Eine kleine Aufmerksamkeit bringt oft mehr als langes Diskutieren.
14. Informieren Sie in Ihrem Unternehmen die beteiligten Abteilungen und Mitarbeiter, damit es kein Informationsloch gibt. Das ist vor allem wichtig für den Fall, falls Sie nicht zu erreichen sind.
15. Nennen Sie Ihrem Kunden mögliche weitere Ansprechpartner.
16. Sagen Sie Ihrem Kunden unmissverständlich, was Sie zu unternehmen gedenken. Der Vorschlag sollte lösungsorientiert sein – für den Kunden und nicht unbedingt für das Unternehmen.
17. Im Falle der Ablehnung: Erläutern Sie Ihrem Kunden sachlich, dass der Fehler weder in Ihrem Unternehmen noch bei weiteren Partnern liegt. Vermeiden Sie gleichzeitig, den Fehler bei dem Kunden zu platzieren. Ihr Kunde erkennt, dass eine Unmöglichkeit vorliegt. Verkaufen Sie die Ablehnung.

18. Erläutern Sie Lösungen in persönlichen Gesprächen, entweder im Vis-à-vis-Gespräch oder telefonisch.
19. Vermeiden Sie vorgefertigte schriftliche Ablehnungen. Ihr Kunde soll das Gefühl haben, individuell behandelt zu werden.
20. Machen Sie weder das Unternehmen, die Produkte noch die Mitarbeiter schlecht. Wenn Sie schlechte Produkte haben, wieso verkaufen Sie diese speziell an diesen Kunden?

Reklamationen haben Vorteile

Freuen Sie sich, wenn Kunden reklamieren. Sie fragen sich, warum? In Reklamationen stecken Chancen:

- Fehler zu entdecken und abzustellen,
  - die durch mangelnde Kontrolle entstanden,
  - die in der Alltagshektik untergehen,
  - aus Gewohnheit übersehen wurden,
  - weil sich keiner dafür verantwortlich fühlte.
- Produkte und Dienstleistungen können verbessert werden.
- Abläufe und Schwachstellen in Ihrem Unternehmen und Ihre eigene Vorgehensweise können verbessert werden.
- Sie können sich ein Bild von der Arbeitsqualität beteiligter Abteilungen machen und verbessern.
- zur kostenlosen Effizienzsteigerung
- Sie gewinnen zufriedene Kunden. Getreu dem Motto: Fehler werden gemacht, aber die Art und Weise, wie Sie sie gelöst haben, ist großartig.
- Fehler sind eine positive Werbung, wenn sie zufrieden stellend gelöst werden.
- Fehler eröffnen weitere Abschlusschancen.

Prüfen Sie sich:

- Sehen Sie in Reklamationen neue Chancen?
- Stressen Sie Kunden, die reklamieren?
- Können Sie kundenorientiert reagieren?
- Meint der Kunde Sie persönlich, wenn er ausfallend wird?
- Hilft es, Kunden zu vertrösten?

Soweit die Strukturen Ihres Verkaufsgespräches. Wie eingangs in diesem Buch erwähnt, ist die Sprache Ihr Handwerkszeug und entscheidet über Erfolg bzw. Misserfolg. Checken Sie im Folgenden Ihre Verkaufsrhetorik. Wie Sie Ihre Sprache noch kundenorientierter einsetzen können, um damit Ihre Kunden für sich und Ihr Produkt oder ihre Dienstleistungen noch stärker einzunehmen. Viele Verkäufer beachten diesen Punkt zu wenig. Oft reden sie, wie ihnen der Schnabel gerade gewachsen ist und reden sich so um Kopf und Kragen, zumindest aber um den Abschluss. Sie beachten zu wenig die Macht der Worte. Die Konzentration reicht gerade für das Produktwissen und leider nicht mehr für den Einsatz der richtigen Worte. Oft ist der Ausdruck der Sprache nur gut gemeint, aber über die Wirkung machen sie sich keine Gedanken. Oftmals ist der Gebrauch der Sprache auch Ausdruck dessen, was ihnen gerade durch den Kopf geht.

Teil III
Die Verkaufsrhetorik

1. **Vermeiden Sie »rhetorische Ohrfeigen«**
2. **Vermeiden Sie »Schlaffmacher «**
3. **Vermeiden Sie »negative Ausdrücke«**
4. **Vermeiden Sie »ichbezogene Ausdrücke«**
5. **Benutzen Sie »Aussageverstärker«**

Der unbedachte Gebrauch von Wörtern kann fatale Folgen haben. Was eigentlich gut gemeint ist, kehrt sich ins Gegenteil um. Ein sicher geglaubter Abschluss droht zu scheitern.

1. Vermeiden Sie »rhetorische Ohrfeigen«

Rhetorische Ohrfeigen sind Killerphrasen. Ein oder zwei in langen Gesprächen fallen nicht auf, aber auf Dauer sind sie schmerzhaft und kein Kunde lässt sich das gefallen. Während der Verkäufer weiterspricht und nichts bemerkt, horcht der Kunde irritiert auf, bedenkt den Verkäufer mit einem missbilligenden Blick oder mit offenem ungläubigem Mund. Auf alle Fälle merkt er sich diese Ausfälle und quittiert sie bei zu häufigem Gebrauch mit Nichtkaufen.

Rhetorische Ohrfeigen sind seitens des Verkäufers nicht böse gemeint. Oftmals ist es der gewohnte Sprachschatz, der ohne Überlegungen eingesetzt wird. Es ist der unreflektierte Gebrauch der Sprache, Wörter, die viele Verkäufer von anderen einfach übernehmen und dann zum gängigen Repertoire gehören.

Hier ein Beispiel: »Wie ich vorhin schon sagte ...«

Mit diesem Satz haben Sie sicherlich Recht. Da Sie ihn schon erwähnten, muss eine Wiederholung eigentlich nicht sein. Wenn Sie diesen Satz im Tonfall zudem leicht genervt aussprechen, erhöhen Sie die negative Wirkung.

Welche Wirkung erzielt dieser Ausdruck? Was wollen Sie mit diesem Satz Ihren Kunden sagen?

Dass er nicht aufgepasst hat?
Dass er Ihnen nicht zugehört hat?
Dass er Ihnen geistig nicht folgen kann?
Dass er auf alle Fälle einen Fehler gemacht hat?
Dass er gefälligst aufpassen soll, wenn Sie mit ihm sprechen?
Sie können es drehen und wenden, wie Sie wollen: Dieser Ausdruck kann nur negativ wirken. Ihr Kunde muss das Gefühl bekommen, nicht aufgepasst zu haben.

Selbst wenn er Ihnen nicht zugehört haben sollte, lässt sich so etwas keiner gerne sagen. Dieses Gefühl kennen viele noch aus der Schule, der Ausbildung, aus Konferenzen etc. Man fühlt sich ertappt, geschlafen zu haben, unkonzentriert gewesen zu sein. Keiner mag das. Zudem wissen Sie nicht, ob Ihr Kunde noch Ihren Worten nachgehangen, sich eigene Gedanken zu Ihren Ausführungen gemacht hat.

Sie wissen es nicht und bevor Sie Ihren Kunden verdächtigen, drücken Sie sich besser positiv aus. Zum Beispiel: »Gut, dass Sie diesen Punkt ansprechen.« oder »Ja, dieser Aspekt ist wichtig.«

Vergegenwärtigen Sie sich die folgenden rhetorischen Ohrfeigen, überlegen Sie sich die mögliche Wirkung und drücken Sie es positiv aus. Einige können Sie auch ersatzlos aus Ihrem Wortschatz streichen.

Rhetorische Ohrfeige	**Wirkung**	**Besser**
Was Sie sagen, ist falsch.	Ihr Kunde fühlt sich frontal angegriffen, zumal aus seiner Sicht dieser Aspekt für ihn wichtig ist. Eine Abwehrhaltung ist alles, was Sie provozieren.	Lassen Sie uns diesen Punkt besprechen.
Jetzt mal ehrlich.	Ihr Kunde hat Ihrer Meinung nach gerade die Unwahrheit gesagt und Sie haben ihn dabei ertappt. Ist das wirklich so oder lediglich Ihre Interpretation? So oder so: Kunden fühlen sich brüskiert, weil sie vorgeführt werden.	Sicher ist, dass ... In der Tat, es ist so ...

Da sind Sie nicht richtig informiert.	Ihr Kunde hat keine Ahnung. Das lässt sich keiner gerne sagen, selbst, wenn beide Seiten wissen, dass es so ist. Ein Angriff, den der Kunde bei nächster Gelegenheit parieren wird. Das Ergebnis ist vorhersagbar.	Nach meinen Informationen ... Wie auch immer, ... Es verhält sich so: ...
Wissen Sie das nicht?	...	...

Überlegen Sie sich hier selbst bessere Formulierungen oder streichen Sie diese »rhetorische Ohrfeige«:

Rhetorische Ohrfeige	**Wirkung**	**Besser**
Was wollen Sie denn jetzt sagen?		
Dafür bin ich nicht zuständig.		
Nun zu den wirklich wichtigen Punkten.		
Ich weiß, was Sie sagen wollen.		
Alle machen das.		
Ich als Fachmann weiß das besser.		
Sie bezweifeln das?		
Passen Sie mal auf.		
Da irren Sie sich.		
So ist das nicht richtig.		
Das trifft nicht zu.		
Sie müssen doch einsehen, dass ...		
In der Theorie klingt das ganz gut, aber wenn Sie mal die Praxis sehen wollen ...		

Das haben wir schon immer so gemacht.		
In Wirklichkeit ist es doch so, ...		
Ich habe nicht viel Zeit für lange Reden.		
Beweisen Sie mir das.		
Kommen Sie auf den Punkt/zur Sache.		
Und was hat das mit dem Thema zu tun?		
Wenn Sie rechnen können, dann ...		

2. Vermeiden Sie »Schlaffmacher«

Lesen Sie folgenden kleinen Dialog, wie er täglich vorkommt:

Hans: »Du, Schatz, eigentlich hätte ich heute Lust, ins Kino zu gehen.«
Hanna: »Nein, heute nicht, ich bin zu müde.«
Hans: »O. k., schon gut, ich wollte ja auch nur mal fragen.«

Da drängt sich die Frage auf: Will Hans wirklich ins Kino gehen? Meint Hans seinen Vorschlag wirklich ernst? Der geneigte Zuhörer zweifelt. Warum? Die Auswahl der Wörter, die Art, wie Hans die Frage – welche Frage meint er überhaupt? – stellt, lässt Zweifel und Unsicherheit über seinen tatsächlichen Wunsch erkennen. Durch zwei »Schlaffmacher« in diesem kurzen Satz zeigt er, dass er seine Absicht nicht wirklich ernst meint: »eigentlich« und der Konjunktiv »hätte«.

Dadurch lässt Hans sich eine Hintertür offen, um im Falle einer Ablehnung das Gesicht nicht zu verlieren. Anscheinend war das Gesagte auch nicht so ganz ernst gemeint. Menschen, die viele »Schlaffmacher« in ihrer Sprache verwenden, übernehmen keine Verantwortung für die Aussage, sie wirkt kraftlos und ohne eigene Überzeugung. Die Entscheidung, was gemacht werden soll, überlässt man anderen. Bei einer Ablehnung können sie schnell zurückrudern und es ist nichts erreicht worden. Getreu dem Motto: »Gut, dass wir mal darüber gesprochen haben.«

Aktiver, bestimmender klingt dagegen:

Hans: »Du, heute Abend lass uns ins Kino gehen. Da läuft ein Film, der mich besonders interessiert.«

Eine einfache Ablehnung aus fadenscheinigen Gründen fällt schwerer. Hans ist sich seines Wunsches sicher und drückt das auch aus. Gerade in Verkaufsgesprächen, in allen Gesprächen mit einem klaren Ziel, können Sie sich Unsicherheiten nicht erlauben. Wenn Sie von Ihrer Aussage nicht überzeugt sind, wie wollen Sie dann Ihren Kunden überzeugen? Wenn Sie Ihre Aussage verwässern, geben Sie Ihren Kunden die Chance, umso sicherer aufzutreten und Ihre Aussage zu negieren.

Weitere Schlaffmacher sind:

- eigentlich
- ich sag mal
- vielleicht
- mit anderen Worten
- im Allgemeinen
- möglicherweise
- im Großen und Ganzen
- sozusagen
- müssen
- ich bin mir nicht sicher
- was ich noch sagen wollte
- äh
- man
- ziemlich genau
- wirklich jetzt

Benutzen Sie keine Konjunktive, sondern drücken Sie es besser aktiv aus. Konjunktive wie müsste, sollte, könnte, würde, hätte, bräuchte, dürfte streichen Sie bitte.

Ich müsste mal nachfragen.	Dann tun Sie es doch.
Ich sollte das eigentlich wissen.	In der Tat!
Ich könnte ja mal ...	Oh, bitte, lassen Sie sich Zeit.
Ich würde meinen ...	Meinen Sie es nun oder nicht?
Ich hätte am ... noch Zeit.	Haben Sie oder nicht?
Dürfte ich Sie mal unterbrechen?	Sie tun es schon!

3. Vermeiden Sie »negative Ausdrücke«

Wörter rufen Bilder hervor. Mit einem einzelnen Wort assoziieren die Menschen unterschiedliche Zusammenhänge und Vorstellungen. Denken Sie zum Beispiel an das Wort »Spinne«. Allein das Wort genügt, dass einige sich schütteln, sich angeekelt abwenden oder lächeln, weil sie an ein nützliches Tier denken oder an eine Wäschespinne.

Fordern Sie fünf Menschen auf, an einen Hund zu denken und Sie werden fünf verschiedene Antworten erhalten. Mit Worten können Sie Kunden für Ihr Produkt begeistern oder das Gegenteil erreichen. Worte unterliegen aber auch einer Modeerscheinung. War das gute alte »Sparbuch« bis vor kurzem noch der Inbegriff für eine solide und beständige Geldanlage, hatte das Wort »sparen« einen guten Klang, kehrte sich das in den neunziger Jahren um. »Sparbuch« und »sparen« waren out, eben altmodisch, in waren »Aktien« und »anlegen«. In der Politik wird gerne mit positiven Ausdrücken gearbeitet, um eigene Leistungen zu verkaufen. Ein wunderbares Wort wird dem damaligen Finanzminister Theo Waigel zugeschrieben. Er sprach in einem Jahr im Kontext der wirtschaftlichen Leistung von einem »Null-Wachstum«. Ja, was war es denn: Stagnation oder Wachstum? Viele waren begeistert, denn Wachstum heißt Fortschritt.

Stellen Sie sich vor, Sie wären ein Immobilienhändler. In Ihrer Werbebroschüre schreiben Sie: »Dieses großartige Anwesen steht in einem Entsorgungspark. So können Sie bequem Ihren Hund ausführen.«

Direkter ausgedrückt heißt das: »Dieses großartige Anwesen steht auf einem Atommüllendlager. Einmal können Sie Ihren Hund ausführen.«

Achten Sie in Ihren Verkaufsgesprächen darauf. Etwa das Wort »Kosten« ist ein Paradebeispiel. Nach Möglichkeit darf heute nichts mehr »kosten«. »Kosten« will keiner mehr haben. Darum sollten Sie Ihre Frage danach elegant formulieren: »Wie viel wollen Sie anlegen?« oder »Wie hoch ist Ihr Budget?« anstatt »Was darf es kosten?« Allerdings: Prägnant und daher gewünscht ist das Wort in Ihrer Nutzendarstellung: »Das kostet Sie keinen Cent mehr.«

Vergleichen Sie:

problemorientiert	**kundenorientiert**
Ausgabe	Anlage, Investition
Kosten	Wirtschaftlichkeit, Anlage
Konkurrenz	Mitbewerber
billig	preiswert
teuer	hochwertig
zahlen	begleichen
Probleme	Lösungen, Fragen
Nein	prüfen, überlegen, nachfragen

4. Vermeiden Sie »ichbezogene Aussagen«

Sprechen Sie Ihren Kunden direkt an. Wenn Sie ihn von den Vorteilen Ihrer Produkte oder Dienstleistungen überzeugen wollen, binden Sie ihn mit in das Gespräch ein. Schließlich wollen Sie diesem speziellen, einzigen Kunden etwas verkaufen und Ihr Gegenüber will kaufen. Da helfen Aussagen wie »millionenfach bewährt« nur bedingt weiter. Die Frage eines Verkäufers im Einzelhandel etwa: »Wie kann man weiterhelfen?«, ist nicht kundenorientiert. Wer ist »man«? Andererseits zeigen Verkäufer, die sich in den Vordergrund stellen, zwar ein gesundes Maß an Selbstbewusstsein, aber sprechen Sie mit folgenden Sätzen wirklich Ihre Kunden an?:

»Ich zeige Ihnen jetzt einmal ...«
»Meiner Meinung nach ist es das Beste, was Sie tun können.«
»Also, ich finde ...«
»Ich empfehle Ihnen ...«
»Ich habe mir das auch gekauft.«

Gleiches gilt für unpersönliche Ansprachen:

»Das wird viel gekauft.«
»Wir verkaufen das sehr oft.«
»Andere sind sehr zufrieden damit.«
»Wir haben damit so gut wie keine Beschwerden.«
»Das ist unser bestes Modell.«
»Das wird gerne genommen.«

Im Kapitel »Was kaufen Menschen?« lasen Sie bereits im Zusammenhang mit der Nutzenargumentation von den Vorteilen der »Sie-Ansprache«. Und das eben ist es: den Kunden direkt anzusprechen meint, die »Sie-Ansprache« zu nutzen. Vermeiden Sie sprachliche Allgemeinplätze, mit denen sich der Kunde nicht angesprochen fühlt. Nur wenn der Kunde Sie nach Ihrer Meinung fragt, dann bringen Sie sich mit ein.

Statt	**Besser**
Ich zeige Ihnen ...	Schauen Sie bitte hier, ...
Ich empfehle Ihnen ...	Ihre Vorteile sind ...
Wir verkaufen das sehr oft.	Welche Fragen sind jetzt noch offen?

Sie sind ebenfalls regelmäßig Kunde. Hören Sie Ihren Verkäufern aktiv zu und analysieren Sie deren Sprache. Bei welchen Verkäufern fühlen Sie sich angesprochen und bei welchen merken Sie, dass sich eine Barriere aufbaut? Manchmal ist diese Barriere nicht zu benennen. Viele Kunden würden es so oder ähnlich ausdrücken: »Ganz netter Verkäufer, aber irgendwie ist er nicht auf den Punkt gekommen.«

5. Benutzen Sie »Aussageverstärker«

»Aussageverstärker« sind kurze Einfügungen innerhalb Ihrer Aussage, die Kunden noch stärker im Kaufwunsch unterstützen. Folgendes Urteil ist bereits kundenorientiert: »Ihr Vorteil ist, dass Sie diesen Tisch einfach ausziehen können. Das bedeutet, dass 14 Personen bequem Platz haben.«

Sie verstärken den Vorteil, wenn Sie formulieren: »Ihr Vorteil ist, dass Sie diesen Tisch – wenn er erst einmal in Ihrem Esszimmer steht – einfach ausziehen können. Das bedeutet, dass ...«

Mit den Verstärkern fordern Sie den Kunden indirekt auf, sich noch stärker mit dem Produkt oder der Dienstleistung zu identifizieren. Fördern Sie die Vorstellungskraft des Kunden, sich bildlich vorzustellen, wie der Tisch bei ihm zu Hause wirkt.

Weitere Verstärker sind:

... wenn es Ihnen gehört ...

... wenn es bei Ihnen installiert ist ...

... wenn Sie die Dienstleistung für sich nutzen ...

... wenn Sie es ausprobiert haben ...

... wenn Sie es für sich nutzen ...
... wenn Sie damit arbeiten ...
... wenn Sie alle Anwendungen kennen ...
... wenn Sie Vorzüge sehen ...

Oder fügen Sie nach einer Aussage ein kleine Frage an. Damit wird Ihr Satz indirekt zu einer geschlossenen Frage, die Kunden bestätigen sollen.

»Gut, dann verfahren wir, wie eben besprochen, einverstanden?«

Je öfters Ihr Kunde bejaht, um so sicherer ist der Abschluss. Koppeln Sie diese Verstärker an Ihre Abschlusstechnik. Weitere Möglichkeiten, Ihre Aussage in eine geschlossene Frage zu verwandeln, sind:

... nicht wahr?
... stimmt's?
... richtig?
... einverstanden?
... oder?
... was meinen Sie?
... okay?
... ja?

Falls die Antwort »Nein« lautet, fragen Sie nach:

»Oh, entschuldigen Sie bitte. Natürlich entscheiden Sie. Welche Punkte sind noch offen?«

Versuchen Sie, sich stärker auf Ihre Sprache zu konzentrieren. Es gehen immer wieder Gespräche verloren, weil Verkäufer, die zwar fachlich einwandfrei vorbereitet sind, es aber leider sprachlich nicht deutlich mitteilen können. Der Gebrauch der Sprache ist bei ihnen so schwammig, dass der Kunde seinen Vorteil nicht erkennen kann. Oder der angebotene Vorteil wird durch Schlaffmacher, rhetorische Ohrfeigen und andere Mittel so verwässert, dass der Kunde dankend ablehnt.

Teil IV
Ihr Verkaufsgespräch in der Zusammenfassung

Lesen Sie sich hier noch einmal die einzelnen Bausteine eines Verkaufsgespräches durch. Sie werden feststellen, dass ein Baustein auf dem anderen aufbaut. Was Sie also in der Begrüßungsphase verpassen, können Sie später schwerlich nachholen. Und wenn Sie zu spät merken, dass Ihr Kunde das Gespräch wirklich ernst meint und dann erst beginnen, Nutzen aufzuzählen, haben Sie einen enormen Zeitverlust und eventuell sogar einen Kunden verloren. Wenn Sie schon in ein Kundengespräch gehen, dann bitte auch mit hundertprozentiger Konzentration.

Was wollen Kunden?

- ernst genommen werden
- verstanden werden
- willkommen sein und
- Komfort haben

Diese vier Punkte können Sie in jedem Baustein aufnehmen und anwenden.

1. Baustein: Die Begrüßung

Kunden wollen willkommen sein und in ihren Wünschen, Vorstellungen und Zielen verstanden werden. Ach ja, kaufen wollen sie natürlich auch.

In dieser Phase manifestiert sich der erste Eindruck von Ihnen und Ihrem Unternehmen. Hier gestalten Sie die Gesprächsatmosphäre, die das gesamte Gespräch beeinflusst. Je angenehmer die Atmosphäre ist, umso eher sind Kunden bereit, zu kaufen, desto weniger Widerstände gibt es. Je sympathischer Sie den Kunden sind, umso einfacher und problemloser verläuft das Gespräch. Bereits hier wird die Basis für einen Abschluss gelegt. Beachten Sie die Wirkungsfaktoren. Zusammen mit dem Smalltalk erreichen Sie, dass Kunden Ihnen ein höheres Maß an Vertrauen schenken.

2. Baustein: Wer fragt, der führt ein Gespräch

Kunden wollen verstanden und ernst genommen werden.

Lernen Sie die individuellen Vorstellungen und Wünsche Ihrer Kunden kennen. Fragen Sie nach. Auch wenn es aus Ihrer Sicht Zeit kostet. Sie sparen Zeit, wenn Sie genau wissen, was Ihre Kunden wollen. Dann sind Sie schneller und effektiver in Ihrer Argumentation. Kunden wissen das zu schätzen, denn sie vergeuden keine wertvolle Zeit. Benutzen Sie eine weit öffnende Frage mit den Schlüsselwörtern.

3. Baustein: Was kaufen Menschen?

Kunden wollen Komfort haben und ernst genommen werden.

Kunden kaufen keine Produkte oder Dienstleistungen, sondern Vorteile, die ihnen aus Ihren Produkten oder Dienstleistungen entstehen. Das ist das Einzige, was Sie zu verkaufen haben. Erkennen Ihre Kunden keine Vorteile, werden sie nicht kaufen. Was sollten sie auch kaufen? Ihr Fachwissen ist das Vehikel, um zu verkaufen. Verkäufer, die lediglich ihr Wissen zur Show stellen, langweilen ihre Kunden, sie haben nichts zu verkaufen. Kunden, die ihren eigenen Nutzen ableiten müssen, haben keinen Komfort. Kein Verkaufen ohne Aufzeigen des Nutzens – ohne Nutzendarstellung ein schwieriges Verkaufsgespräch.

4. Baustein: Wie entscheiden Menschen?

Kunden wollen verstanden werden.

Jedes Gespräch ist trotz dieser Systematik einmalig. Einfach aus dem Grund, weil jeder Kunde eine andere Motivstruktur hat. Erkennen Sie die Motive der Kunden und Sie begeistern Ihre Kunden für Ihre Produkte oder Dienstleistungen. Sie motivieren Ihre Kunden für das, was ihnen wirklich gefällt. Es entsteht ein emotionales Verkaufsgespräch. Ein Verkaufsgespräch ohne die Motivansprache hat den Sexappeal der Tagesschau.

5. Baustein: Der Kunde kann sich nicht entscheiden

Kunden wollen verstanden werden.

Trotz einer hervorragenden Nutzendarstellung kann es sein, dass Kunden Fragen haben. Vielleicht haben Sie einen Punkt vergessen. Verkäufer, die das

Gespräch jetzt beenden, haben verloren. Fragen Sie nach, warum Sie heute nicht zueinander kommen. Fragen Sie nach den unverstandenen Punkten. So erhöhen Sie Ihre Chance auf einen Abschluss. Wenn Sie nicht fragen, haben Sie das Gespräch verloren. Mit einer Frage können Sie nichts verlieren, was Sie nicht schon verloren haben.

6. Baustein: Das Abschlussgespräch

Kunden wollen Komfort haben und verstanden werden. Wenn aus Ihrer Sicht alles gesagt worden ist, fragen Sie nach einem Vertrag. Das ist legitim. Von Ihren Kunden können sie das nicht erwarten. Reden Sie nicht weiter, bis Sie wieder wissen, was Sie sagen wollen. Viele Abschlüsse gehen verloren, weil Verkäufer kein Ende finden und Kunden zum Schluss nun wirklich nicht mehr wissen, was sie eigentlich kaufen wollen. Stellen Sie die Abschlussfrage zu früh, wird Ihnen der Kunde das sagen. Kein Problem: Fragen Sie, welche Punkte offen geblieben sind.

Kunden, die kaufen wollen, verschließen sich nicht. Und kann sich Ihr Kunde heute wirklich nicht entscheiden, dann ist das etwas, das Sie ernst nehmen sollten. Bleiben Sie in Kontakt. Kündigen Sie einen Telefonanruf an.

Die konsequente Umsetzung dieser Systematik soll Sie unterstützen, noch erfolgreicher zu verkaufen. Einen Großteil davon praktizieren Sie bereits. Wenn Sie beim Lesen dieses Buches nur einen Punkt entdeckt haben, an dem Sie noch weiterarbeiten sollten, dann hat es sich bereits für Sie als nützlich erwiesen.

Eingangs war die Rede von zwei verschiedenen Verkaufstypen: zum einen der nutzenorientierte Verkäufer, zum anderen der beziehungsorientierte Verkäufer. Der Weg zu diesen beiden Typen ist jeweils beschrieben in den Kapiteln »Was kaufen Menschen?« und »Wie entscheiden Menschen?«. Es gibt Verkäufer, die beide Wege beherrschen. Das sind die Verkaufsgenies.

Sie persönlich kennen Ihre Stärken am besten. Es macht wenig Sinn, etwas beherrschen zu wollen, was mit viel Aufwand erarbeitet werden muss. Konzentrieren Sie sich auf Ihre Stärken und bauen Sie diese konsequent aus. Nichts ist so gut, dass es nicht der Verbesserung würdig wäre.

Es ist wie im Sport. Auch da werden Situationen trainiert, die dem Sportler wenig Spaß machen oder von denen er glaubt, er beherrsche sie bereits. Einem Stürmer ein verbessertes Abwehrverhalten abzuverlangen, ist fast unmöglich. Selbst wenn er es schafft, dürften seine Qualitäten als Stürmer leiden. Aber, er kann sie sich insoweit antrainieren, dass sie seinem Gesamtspiel nützen, er also insgesamt besser wird. Dann wird er erfolgreicher für sein Team spielen. Wird er mehr Siege einspielen. Und ganz nebenbei wird er seinen Marktwert erhöhen.

Das Gleiche gilt für Sie als Verkäufer: Sie verkaufen vielleicht sehr nutzenorientiert und können dennoch die Beziehungsebene zu Ihren Kunden verbessern.

Oder Sie haben keine Schwierigkeiten, auf Kunden zuzugehen und schnell eine lockere Gesprächsatmosphäre aufzubauen. Aber diese Gespräche in Verkaufserfolge umzumünzen, fällt Ihnen schwer.

Ein weiser Mann wird geprüft

Zwei Knirpse kennen einen alten Mann, der wenige Straßen weiter von ihnen wohnt. Man sagt ihm nach, dass er sehr weise sei und vielen Menschen mit lösungsorientierten Ratschlägen weitergeholfen hätte. Die Knirpse glauben das nicht und machen sich hinter seinem Rücken über ihn lustig. »Prüfen wir ihn«, schlägt der eine vor. »Wir fangen einen Vogel, gehen zu dem Mann und verstecken den Vogel hinter unserem Rücken. Dann fordern wir ihn auf, uns zu sagen, ob der Vogel lebt oder tot ist.« Gesagt, getan. Ein wenig eingeschüchtert treten sie vor den alten Mann und fragen: »Wir haben hinter unserem Rücken einen Vogel. Du weißt doch alles. Also, ist der Vogel tot oder lebendig?«

Der Mann schaut beide lange an und erwidert schließlich: »Es liegt in euren Händen, ob der Vogel lebt oder nicht. Ihr entscheidet das. Macht was daraus.«

Es liegt in Ihrer Macht, welche Punkte Sie sich aus diesem Buch heraussuchen und umsetzen. Versuchen Sie, die ausgesuchten Techniken in Ihr tagtägliches Verkaufsgeschäft zu integrieren. Seien Sie nicht enttäuscht, falls es beim ersten Mal nicht klappt. Neue und ungewohnte Techniken müssen trainiert und angewandt werden. Ein Boris Becker ist nicht durch die einmalige Lektüre eines Buches über Tennis zur Nummer 1 der Weltrangliste geworden.

Das übergeordnete Ziel dieses Buches ist erreicht, wenn Sie persönlich mehr Verkaufserfolge haben. Machen Sie was daraus!

Ihre Meinungen, Anmerkungen und Kritik an diesem Buch sind mir wichtig.
Kontaktieren Sie mich bitte:

Thomas H. Jachens
Am Mühlenbach 1b
D-21435 Ashausen

Fon: 04174/ 66 99 54
Fax: 04174/ 66 99 57
Mobil: 0170/ 201 88 99
E-Mail: japatrain@aol.com
Web: www.japatrain.de

Über den Autor

Thomas H. Jachens begann nach seinem Studium seine Laufbahn im Außendienst eines großen deutschen Versicherungsunternehmens und organisierte danach als Ausbildungsleiter eines Bausparunternehmens die Aus- und Weiterbildung des Vertriebes. In seiner Funktion als Hausleiter eines Möbelunternehmens lernte er die Besonderheiten des Handels kennen.

Seit 1999 ist er mit seinen Partnern als selbstständiger Verkaufstrainer tätig. Mehr als 10.000 Teilnehmer haben seine Seminare besucht.

Lesenswerte und weiterführende Literatur

Daniel Coleman: *Emotionale Intelligenz,* München 1996

Heinz M. Goldmann: *Wie man Kunden gewinnt,* Düsseldorf 1990

Thomas A. Harries: *Du bist o. k. – ich bin o. k.,* Hamburg 1988

Tom Hopkins: *Einfach verkaufen,* Zürich 1998

Spencer Johnson/Larry Wilson: *Das Minuten-Verkaufstalent,* Hamburg 1996

Hans-Uwe L. Köhler: *Love Selling,* Regensburg 1998

Rupert Lay: *Führen durch das Wort,* München 1999

Samy Molcho: *Körpersprache,* München 1994

Samy Molcho: *Körpersprache als Dialog,* München 1988

Friedemann Schulz von Thun: *Miteinander reden I+II,* Hamburg 1981

Minoru Tominaga: *Die kundenfeindliche Gesellschaft,* Düsseldorf 1996

George Walther: *Phone Power,* Düsseldorf 1998

Paul Watzlawick/Janet H. Beavin/Don D. Jackson: *Menschliche Kommunikation,* Bern 1990

Jack Welch: *Was zählt,* München 2001

Erfolg auf ganzer Linie – New Business Line

Aus der Reihe New Business Line sind außerdem erschienen: